广西壮族自治区“十四五”职业教育规划教材

精益生产管理

主　　编◎冯雪萍　韦晓丽
副 主 编◎汪　洲
参编人员◎吕　律　周柳军　黄华星

上海交通大學出版社
SHANGHAI JIAO TONG UNIVERSITY PRESS

内容提要

本书以制造企业中的价值管理为主线，以学习成果为导向，围绕任务拆解精益生产知识。本书的主要内容包括精益管理概述、精益生产管理体系、价值流、精益生产主要工具方法、精益生产的综合训练等模块，在每个模块设置若干任务，并以任务导入的形式，让读者能够体会精益生产管理的实际应用，感悟精益生产“消除浪费”的核心理念。本书强调精益生产的系统性思维，注重各部分之间的关联，理论与实践应用相结合，适合高职高专物流管理类专业学生及企业精益生产管理的培训使用。

图书在版编目(CIP)数据

精益生产管理/冯雪萍，韦晓丽主编；汪洲副主编
.—上海：上海交通大学出版社，2023.8(2024.1 重印)
ISBN 978-7-313-28588-1

Ⅰ.①精… Ⅱ.①冯…②韦…③汪… Ⅲ.①精益生产—生产管理—高等职业教育—教材 Ⅳ.①F273

中国国家版本馆 CIP 数据核字(2023)第 066597 号

精益生产管理
JINGYI SHENGCHAN GUANLI

主　　编：冯雪萍　韦晓丽　　副 主 编：汪　洲
出版发行：上海交通大学出版社　　地　　址：上海市番禺路 951 号
邮政编码：200030　　电　　话：021-64071208
印　　制：上海万卷印刷股份有限公司　　经　　销：全国新华书店
开　　本：787mm×1092mm　1/16　　印　　张：11.75
字　　数：286 千字
版　　次：2023 年 8 月第 1 版　　印　　次：2024 年 1 月第 2 次印刷
书　　号：ISBN 978-7-313-28588-1
定　　价：36.00 元

前 言

随着产业升级和经济转型,以量取胜的规模型发展模式越来越不适应市场竞争和未来发展需要,工业企业由数量扩张的粗放式发展模式转变为以质取胜、从管理出效益的内涵式发展模式。当前,我国已经开启全面建设社会主义现代化国家的新征程,高质量发展是制造业企业的主基调。智能制造是国家产业转型升级的重要领域,降本、提质、增效、柔性化生产以适应市场需求变化是其本质。精益生产作为一种先进的生产组织管理方式,在多品种、小批量的柔性化生产方面有其独特优势。管理理念与管理技术、方法是智能制造的基础,而智能制造又是现代企业实现精益生产的重要手段之一。

精益生产起源于丰田汽车公司所创造的丰田生产方式,经过美国麻省理工学院詹姆斯·P. 沃麦克(James P. Womack)等学者的总结提炼,于 1990 年被正式定义为"精益生产",其核心就是彻底消灭浪费,只在需要的时候按需要的量生产需要的产品。精益生产管理方式一经推出就得到业界的广泛推崇,实施企业在按订单生产、缩短生产周期、减少浪费、降低库存、提高产品质量和效率方面取得显著成效。1979 年,长春第一汽车制造厂引进以"看板管理"为核心的准时生产方式。随着精益生产理论与方法的成熟,我国企业对精益生产有了进一步的认识,汽车工业、电子工业、仪表制造业等实行流水线生产的企业开始应用准时化生产方式,获得明显效果。《中国制造 2025》行动纲领中指出,要加快发展智能装备和产品,推动制造过程智能化,重点建设数字化工厂,深化互联网在制造业的应用,提供个性化产品,同时提出要普及卓越绩效、六西格玛、精益生产、质量诊断、质量持续改进等先进生产的管理模式和方法。由此可见,在中国推进精益管理已经从个别企业的选择上升为政府部门所倡导的提升企业管理水平的关键手段。

现代企业的转型升级与发展趋势,对需求人才的专业技能和职业素养提出了更高的要求。随着我国经济社会的转型发展,职业教育被提高到了前所未有的高度,受到了前所未有的重视。高职院校的学生不仅需要具备操作技能,还需要具备现场管理与改善的能力。目前,已出版的有关精益生产的教材虽然较多,但大多以理论知识为主,对于缺乏企业实践的高职院校的学生来说,教材的可操作性、组织实施以及成果输出方面较为欠缺。在制造业与物流业深度融合、创新发展的形势下,为适应企业转型升级的需求,编写团队通过校企合作,编制了本教材。

本书适用于高职院校的现代物流管理、采购与供应管理、物流工程技术等专业学生的教学,对其未来面向的现场改善、物流规划、成本控制等工作所需的精益知识技能和素质培养起支撑作用。该教材的培养目标定位于初级岗位从事基层工作,能够理解精益、具备精益意识,并能够应用与制造现场工作相关的精益改善方法的人。与其他教材相比,本书更重视精益意识的培养,以及期望通过实践应用让学生体会消除浪费的改善意识。

本书以价值管理为主线，体现“消除浪费”的核心理念。教材的整体框架安排上，从十一个任务模块解析精益生产管理的理念、价值管理，以及围绕精益五大目标（安全、质量、成本、交期、士气）的技术和方法，使学生能够进行现场改善，适应智能制造组织管理方式。在各模块中解读与物流管理“1+X”证书制度相关的知识点，培养学生能够应用PDCA和鱼骨图等工具方法解决生产现场实际问题的能力。通过融入工业企业精益生产案例、拓展知识等模块，让学生深刻体会“精益态度”。

本书以学习成果为导向设计，重视知识的应用和实践训练。本书本着“做一遍”“学一课”“成一技”的思路，每一项任务均对应一项学习成果，让学生在学中做、做中学，突出学生主体地位，增强学生的获得感。在任务设计上，本书遵循学生的认知规律，设计从生活场景到生产场景、从简单到复杂螺旋式提升的任务情境。本书从学生熟悉的生活中提炼任务情境，引导学生结合实际生活经历理解晦涩的精益生产管理知识；在此基础上引入生产现场的任务场景，结合现场的人、机、料、法、环等要素，进行技能提升训练，帮助学生实现知识和技能的提升。本书每项任务都包含任务学习目标、任务情境、任务内容、任务知识点、升级训练、任务评价、自测习题等内容，希望学生能够在学习中体会精益生产的“有趣”与“有用”。

本教材编写团队由教授、副教授高级职称成员和一线教师、精益生产领域企业专家组成，产教深度融合。教材主编为柳州职业技术学院物流管理专业带头人、教授；第二主编具有5年制造企业工作经验和4年的职业教育经验；副主编为汪洲；参编成员为吕律、周柳军、黄华星，他们是精益生产应用领域的企业专家，具有丰富的精益生产改善实战经验。产教深度融合的编写团队为教材编写、教学资源建设提供了有力保障。

教材配有电子课件、微课视频资源、任务情境视频资源等，多种教学资源为教学实施、学生自主学习、企业基层培训等提供了支持与保障。

编者

2022年12月

目　录

任务一

认识企业的"减肥"办法
——精益生产管理认知

一、任务学习目标

（一）知识目标

（1）理解精益生产的含义。

（2）掌握精益生产的核心理念。

（二）能力目标

（1）能够从精益生产的角度分析情境问题。

（2）能够从精益生产的角度提出针对具体情境的改善措施。

（三）素质目标

（1）有良好的组织纪律性，具有团队合作精神。

（2）拥有精益意识，并理解"精益"职业素养的重要性。

（四）任务导图

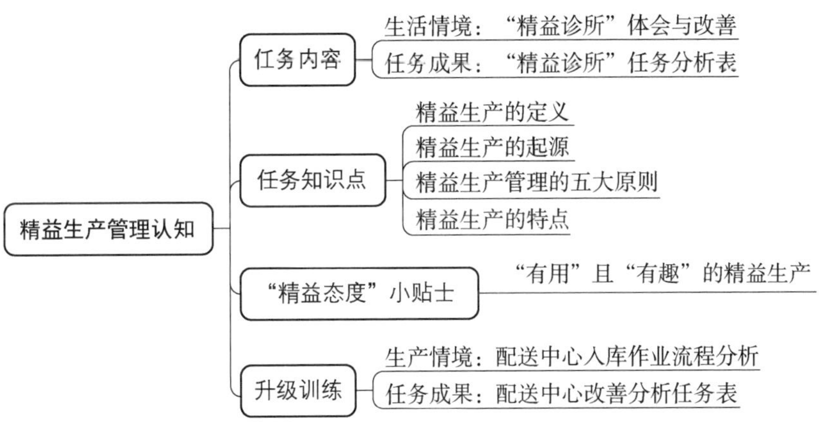

二、任务情境

在生活中，免不了要与医院打交道，当我们到医院就诊时，需要进行挂号、候诊、检查、诊断、拿药等活动，要花大量的时间在各科室走动。在就诊的过程中，往往时间花费最长的是各种排队、等候。你是否考虑过这些流程是否都是必要的呢？有没有一些改善的建议呢？接下来，我们将通过“精益诊所”的游戏体会一下。

游戏介绍：模拟医院就诊过程，由学生扮演不同角色参与演练，模拟病人从挂号、候诊、分诊、检查、诊断直到出院的看病过程。学生通过角色扮演，分析整个诊所操作流程中存在的问题，进行改善与验证，学习精益生产相关理论知识。在“精益诊所”游戏中，医院设有挂号、候诊、分诊、X光、验血、诊断、归档7个流程，具体布局与流程见图1-1。学生也可扫描二维码，观看游戏流程的视频演示，了解游戏规则。

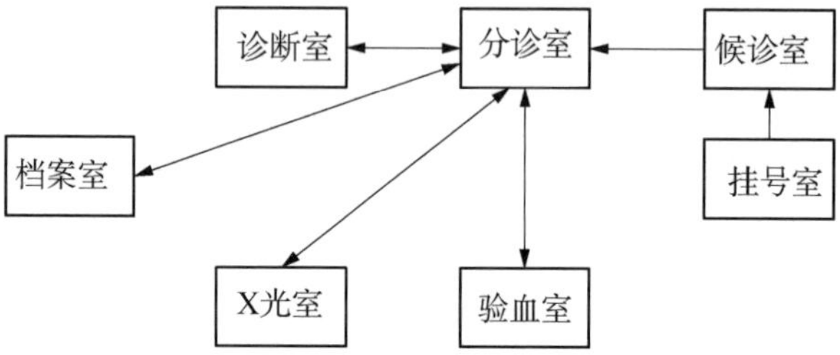

图1-1 “精益诊所”游戏流程示意图

视频资料

“精益诊所”游戏流程

请扫描二维码，观看“精益诊所”的游戏流程演示，辅助大家完成任务。

三、任务内容

(一) 任务名称

本任务的名称：“精益诊所”体会与改善。

(二) 任务要求

根据“精益诊所”设置的科室进行布局，共有挂号、候诊、分诊、X光、验血、诊断、归档7个流程，学生按照流程要求完成就诊过程。每局为5分钟，共进行3局。根据“精益诊所”任务分析表(见表1-1)的要求完成数据统计。

(1) 以7人为一个小组，分别担任“精益诊所”中挂号、候诊、分诊、X光、验血、诊断、归档这7个流程相对应的岗位角色。

(2) 挂号室和档案室同时开始倒计时5分钟，游戏开始。

(3) 按照任务流程的要求完成就诊过程。

(4) 每局游戏结束后，及时记录数据，并分析改善措施，再进行下一局游戏。3局游戏结束后，分析结果并总结。

(三) 任务工具

(1) “精益诊所”道具：每组准备8个标有相应诊室名称的水牌、45张10 cm×10 cm的空白“就诊卡”(见图 1－2)、2 副骰子、2 个计时器。

(2) “精益诊所”任务分析表(见表 1－1)。

就诊卡			
就诊时间		就诊卡号	
项目	诊断结果		
归档时间			

图 1－2　就诊卡样式

(四) 任务流程

(1) 挂号(挂号室):在就诊卡上填写就诊卡号、就诊时间。假设每隔 15 秒左右有病人来就诊,挂号人员在白纸上写上就诊号、进入的时间(计时器上的分、秒),生成就诊卡并放到候诊室,让病人在候诊室排队。在 5 分钟的游戏时间里,挂号 15 位病人。

(2) 候诊(候诊室):将就诊卡进行排序,并分配到分诊室。

(3) 填写检查项目并进行分诊(分诊室):在就诊卡上填写检查项目 X、Y(分别表示 X 光、验血),将就诊卡分配到 X 光室或验血室。

(4) 检查(X 光室或验血室):掷骰子,将骰子结果填写在就诊卡上。

(5) 返回分诊(X 光室或验血室):X 光室或验血室的工作人员填写检查结果后,将就诊卡送回分诊室。需要注意的是,X 光室和验血室不能相互传递单据!

(6) 分诊(分诊室):查看返回的就诊卡,如果有未完成的检查项目(打“×”的也算未完成),将就诊卡送回 X 光室或者验血室;如果 X、Y 项目都已检查完毕,将就诊卡传递到诊断室。

(7) 诊断(诊断室):根据就诊卡上的项目数字进行诊断。奇数打“√”,偶数打“×”。如果两项都是“√”,将就诊卡交到档案室;只要就诊卡上有一项打“×”,就需返回分诊室。

(8) 归档(档案室):接收诊断室传递的就诊卡,查看所有项目是否都通过。对于两个项目都是打“√”的就诊卡,在就诊卡上填写归档时间(秒表上显示的时间),完成归档。如果就诊卡上有未通过的项目,就需返回分诊室。

(9) 每局游戏结束后,根据游戏结果填写任务结果分析表中的数据。3 局游戏结束后,进行任务总结。

① 第一局:按照常规的医院看病流程,很容易发现看病过程中存在大量问题,如候诊室的人员无所事事,分诊室的人员忙得一塌糊涂;看病到处需要排队等。请同学们对问题进行分析。

② 第二局:在团队内没有人下岗的前提下,由小组成员讨论改进方案,并按照改进方案重新设置看病流程,体验新流程带来的改善结果。

③ 第三局:系统改变游戏规则,增加诊断通过率,再体验游戏规则改变带来的看病效率

提升的结果。

（五）任务成果

任务成果为“精益诊所”任务分析表，见表 1－1。

表 1－1 “精益诊所”任务分析表

小组名称： 小组成员：				
序号	绩效指标	第一局	第二局	第三局
1	还待在医院里的病人人数			
2	已经看完病的病人人数			
3	需完成的检查次数			
4	已完成的检查次数			
5	一次诊断出院病人的比重			
6	病人在医院停留最长的时间			
第一局的改善措施：				
第二局的改善措施：				
第三局的改善措施：				
任务总结：				

四、任务知识点

视频资料

精益生产的定义与作用

请扫描二维码，观看微课，初步了解精益生产的定义与作用。

（一）精益生产的定义

精益生产(lean production，简称 LP)，从“lean”的名词解释来看(见图 1－3)，它是指瘦的、少脂肪的、精干的、精益的。从管理的角度来看，所谓精，即少而精，不投入多余的生产要素，只是在适当的时间生产必要数量的市场需要的产品(或下道工序急需的产品)；所谓益，即所有经营活动都要有益有效，具有经济性。将精益与生产管理方式相结合，就是将生产运营活动中“多余的脂肪”去除掉，经常“锻炼”，保持企业的健康状态。精益生产的定义为：通过对系统结构、人员组织、运行方式和市场供求等方面的变革，生产系统能够很快适应不断变化的用户需求，并且生产过程中一切无用、多余的东西能够被精简，最终达到生产系统的最优结果。

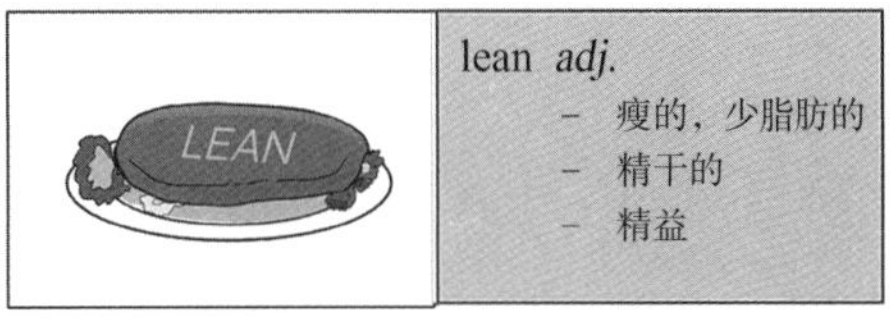

图 1－3 “lean”的名词解释

精益生产的核心思想是消除一切浪费，追求精益求精和不断改善，去掉生产环节中一切无用的东西。精简是它的核心，精简产品开发设计、生产、管理中一切不产生附加值的工作，旨在以最优品质、最低成本和最高效率对市场需求做出最迅速的响应。

精益生产方式的优越性不仅体现在生产制造环节，同样也体现在经营管理等各个环节，包括：从概念到投产的设计过程；从订货到送货的信息流通处理过程；从原材料到产成品的物质转换过程；全生命周期的支持和服务过程。精益涉及每一个环节、每一个部门、每一个人。如精益生产只局限在生产作业层次，则生产部门孤掌难鸣，效果自然不好。

（二）精益生产的起源

关于精益生产的来历，可先从一份简单的“履历表”开始了解(见图 1－4)。

姓名	精益生产	
曾用名	丰田生产方式	
出生年代	20世纪50年代	
出生地	丰田汽车公司	
现在任职	制造企业的“明星”	

图 1－4 精益生产“履历表”

20 世纪初，从美国福特汽车公司创立第一条汽车生产流水线以来，大规模的生产流水线一直是现代工业生产的主要特征。大规模的生产方式以标准化、大批量生产来降低生产成本，提高生产效率。这种方式适应了当时汽车供不应求的市场形势，大规模的汽车生产流水线的产生，一举把汽车从少数富翁的奢侈品变成了大众化的交通工具。它是以单纯化、标准化、专门化为基础的，即生产的产品品种比较单一，其零部件、生产工艺相似度较高；将汽车生产流程按照顺序排列，平均分配每个流程的作业时间，每个岗位按照规定的步骤、时间完成操作；员工专门负责固定操作，并重复进行(见图 1－5)。这让汽车的生产走向专业化和高效率的道路，运送到工厂的原料仅仅 4 天就可以完成整车出厂，这在当时是划时代的进步。

图 1－5 福特汽车大规模流水线生产方式的基础

大规模流水线生产在生产技术以及生产管理史上具有极为重要的意义。但是第二次世界大战以后，社会进入了一个市场需求向多样化发展的新阶段，相应地要求工业生产向多品种、小批量的方向发展，单品种、大批量的流水线生产方式的弱点就日渐明显了。为了顺应时代要求，在大规模流水线生产的基础上，由丰田汽车公司首创的丰田生产方式，作为多品种、小批量混合生产条件下的高质量、低消耗的生产方式在实践中被摸索创造出来。丰田生产方式的指导思想是，通过生产过程整体优化，改进技术，理顺物流，杜绝超量生产，消除无效劳动与浪费，有效利用资源，降低成本，改善质量，达到用最少的投入实现最大产出的目的。丰田生产方式能够根据客户需求拉动生产活动，以多品种、小批量的方式，获得高质量、低消耗的成效。其特点示意图见图 1－6。

为了了解丰田生产方式的奥秘，人们涌入丰田汽车公司。丰田生产方式虽然是丰田汽车的生产方式，但其他制造业也纷纷引进这种生产模式。不仅如此，连一般人也把丰田生产方式的秘诀应用在家庭生活中。

随着丰田汽车的发展，很多企业和研究机构都关注丰田生产方式。美国麻省理工学院的詹姆斯 · P. 沃麦克(James P. Womack)、丹尼尔 · T. 琼斯(Daniel T. Jones)、丹尼尔 · 鲁斯(Daniel Roos)等人组成团队，通过“国际汽车计划”(MVP)，组织世界上 17 个国家的专家、学者，花费 5 年时间，以汽车工业这一开创大批量生产方式和丰田生产方式的典型工业

图 1-6 丰田生产方式特点示意图

为例，对比研究了世界各大汽车企业，力图破解丰田生产方式。丰田公司能够取得成功的重要原因之一就是这种能够适应小批量、多品种的市场需求的生产方式。詹姆斯等人把丰田生产方式的特点加以总结，提炼成了普遍适用的管理模式，命名为“Lean Production”，并通过《改变世界的机器》一书向全世界推广介绍。精益生产起源于丰田生产方式，很大程度上是对丰田生产方式的概括总结和理论提升。

关于精益生产的发展过程，可总结为图 1-7 这三大阶段。

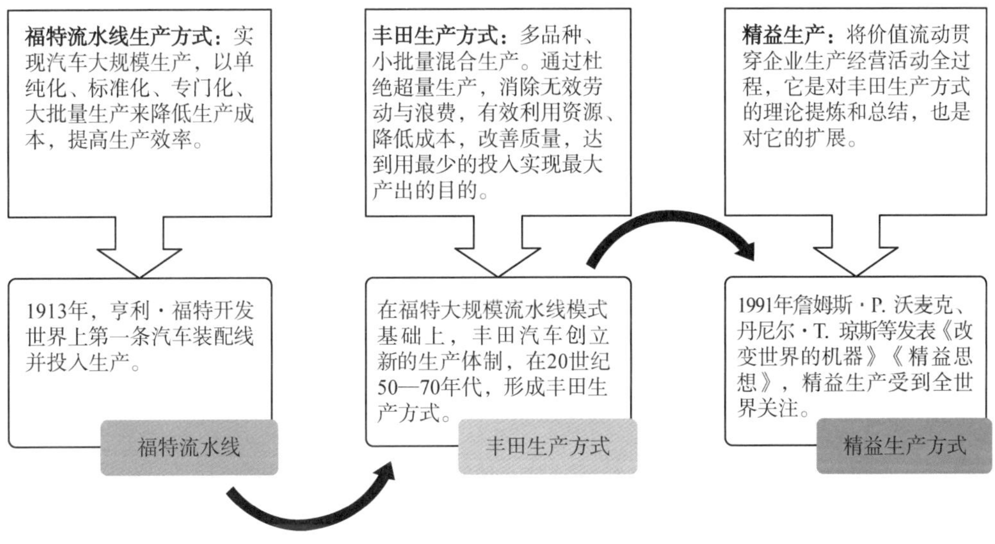

图 1-7 精益生产发展过程示意图

精益生产的理论和方法是随着环境的变化而不断发展的，特别是在 20 世纪末，随着精益生产研究的深入和理论的广泛传播，越来越多的专家学者参与进来，出现了百花齐放的现象，各种新理论和新方法层出不穷，如大规模定制（mass customization）与精益生产相结合，单元生产（cell production）、JIT Ⅱ、5S 的新发展，全员生产维护（TPM）的新发展等。很多企业将精益生产方式与本企业实际相结合，创造出适合本企业需要的管理体系。如美国联合技术公司（UTC）的 ACE 管理、精益六西格玛管理、通用汽车的竞争制造系统等。随着精益生产的实践应用，精益思想被作为一种普遍的管理哲理在各个行业传播和应用，先后成功地在建筑设计和施工中被应用，在服务行业、民航和运输业、医疗保健领域、通信和邮政管理以及软件开发和编程等方面被应用。

（三）精益生产管理的五大原则

詹姆斯·P. 沃麦克和丹尼尔·T. 琼斯所著的《精益思想》(《Lean Thinking》)，提炼了精益生产管理的五大原则（见图1-8）。

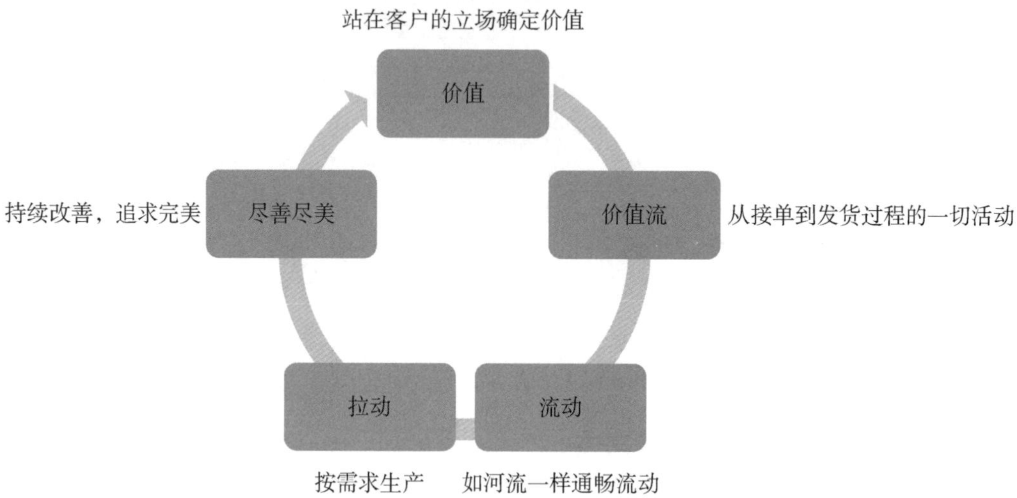

图1-8 精益生产管理五大原则

1. 定义价值(value)

精益思想认为企业提供的产品价值是由顾客决定的，只有为顾客增加效用并且顾客愿意为之付款的活动，才是有价值的。因此，这一原则强调以顾客的需求来审视企业产品生产过程的每一个环节，将生产全过程的多余消耗减到最少，不将额外的花销转嫁给顾客，在提高顾客满意度的同时，降低企业的生产成本。

2. 识别价值流(value stream)

价值流是指从企业将原材料转变为成品过程中对产品赋予价值的全部活动。通过识别价值流，确定主要的改善方向，寻找全过程的整体最佳状态。因此，可以将识别价值流认为是精益生产的起步点。精益思想的企业价值流包括从概念设计到产品设计、工艺设计，再到投产的技术过程，从订单处理、计划到送货的信息过程，从原材料到产品的物质转换过程，以及产品全生命周期的支持和服务过程。精益思想识别价值流的含义是在价值流中找到哪些是真正增值的活动，哪些是应该消除的不增值活动。识别价值流就是发现浪费和消灭浪费。对于价值流分析的内容将在任务三中进行详细阐述。

3. 流动(flow)

如果正确地确定价值是精益思想的基本观点，识别价值流是具备精益思想的准备和入门的话，“流动”和“拉动”则是精益思想实现价值的中坚。精益思想要求创造价值的各个活动流动起来，强调的是不间断地“流动”。“价值流”本身的含义就是“动”的，但是由于根深蒂固的传统观念和做法，如部门的分工、大批量生产等，阻断了本应流动起来的价值流。精益管理思想认为，如果价值不流动了，停滞将为企业带来损失。

4. 拉动(pull)

“拉动”就是以顾客的需求为出发点，使用户精确地在他们需要的时间得到需要的东西。它的要点是按需生产，不过早或过多生产。实行拉动以后，顾客、下游工序就像在超市的货架上取到他们所需要的东西一样，而不是把用户不想要的产品强行推给用户。由于按照拉动原则，将生产和需求直接对应，因此消除了过早、过量的投入，而减少了大量的库存和在制品，大量压缩了提前期。拉动原则更深远的意义在于企业具备了当顾客一旦需要就能立即设计、计划和制造出顾客真正需要的产品的能力，最后实现抛开预测，直接按顾客的实际需要进行生产。

5. 尽善尽美(perfection)

在定义价值、识别价值流、流动和拉动的相互作用下，对过程不断进行改进，其结果必然是价值流动速度显著地加快。不断地用价值流分析方法找出更隐藏的浪费，并进一步改进，使过程趋于尽善尽美。尽善尽美包含了顾客满意、无差错生产和企业自身的持续改进。尽善尽美永远是一个目标，持续地对尽善尽美的追求，将造就一个永远充满活力、不断进步的企业。

(四) 精益生产的特点

与大批量生产方式相比，精益生产的特点主要体现在工厂组织、产品设计、供货环节、顾客和企业管理这几个方面。具体来说就是：对外以“顾客需求”为导向，对内以“人”为中心，在组织机构上以“精简”为手段，在工作方法上采用“团队工作(team work)”和“并行设计”，在供货方式上采用“准时化生产(just in time，简称 JIT)”方式，在最终目标方面体现为“零浪费”。

1. 以“顾客需求”为导向

产品面向顾客，与顾客保持密切联系，将顾客纳入产品开发过程，以多变的产品、尽可能短的交货期来满足顾客的需求。只有将顾客的实际需求作为导向，才能够生产出顾客愿意购买的产品，提供满意的服务。产品的适销性、适宜的价格、优良的质量、高效的交货能力、优质的服务是面向顾客的基本内容。

2. 以“人”为中心

人是企业一切活动的主体，应以人为中心，大力推行独立自主的“多能工”小组工作方式。充分发挥一线员工的积极性和创造性，使他们主动为现场改善献计献策，使一线工人真正成为“零浪费”生产的主力军。以“人”为中心需要员工具备主人翁意识，这就需要足够的激励机制让员工拥有持续改进的动力。对此，企业可下放部分权力，使员工有权力、有责任、有义务随时解决遇到的问题。同时，还要满足人们学习新知识和实现自我价值的愿望，形成独特的、具有竞争意识的企业文化。

3. 以“精简”为手段

在组织机构方面实行精简化，去掉一切多余的环节与资源。实现纵向减少层次，横向打破部门壁垒，将层次细分，管理模式转变为分布式平行网络的管理结构。在生产过程中，采用柔性化生产，减少非直接生产工人的数量。另外，采用准时化生产，大幅度减少库存甚至实现零库存，也减少了库存管理人员、设备和场所。此外，精益不仅仅是指降低生产过程的复杂性，还包括在降低产品复杂性的同时，提供多样化的产品。

4. 团队工作小组和并行设计

精益生产强调以团队工作的方式进行产品的并行设计。团队工作小组是指由企业各部门的专业人员组成的多功能设计小组，也是企业集成各方面人才的一种组织形式。团队工作小组对产品的开发和生产具有很强的指导和集成能力，全面负责一个产品型号的开发和生产，包括产品设计、工艺设计、编制预算、材料购置、生产准备及投产等工作，并根据实际情况调整原有的设计和企业计划，这种组织方式也延伸到了生产一线。

5. 多频次、小批量供货方式

多频次、小批量供货方式可以保证最少的库存和最少的在制品数。为了实现这种供货方式，应与供货商建立良好的合作关系，相互信任，相互支持，实现共赢。精益生产所追求的目标是“零浪费”，即最低的成本、最好的质量、无废品、零库存、产品的多样性。当然，这种境界只是一种理想境界，但应无止境地去追求这一目标，这样才会使企业永远保持进步，永远走在行业的前面。精益生产不仅着眼于技术，还充分考虑组织和人的因素。

拓展学习

精益生产与智能制造

随着市场经济的发展以及科技的进步，目前很多制造行业都有在向智能制造业发展的趋势，而智能制造是使增值活动更加柔性化、智能化的方式，因此精益生产和智能制造的关系是相互融合的。有些企业在智能化转型的进程中，在智能制造方面投入巨大，但实际效果不如预期，很大原因在于没有练好内功，即要通过精益生产管理打好基础。

精益生产是实现智能制造的先决条件。精益生产管理使得流程更加标准化和透明化，减少给客户创造价值过程中的各种浪费，打造柔性化的生产系统，从而在任何时间都能及时满足客户的需求，即在正确的时间生产正确数量的正确产品。智能制造越来越多地使用新技术，这就要求更加规范化、结构化和可预测的价值流，使工厂的制造系统高效、经济的同时，能够受益于新技术。

智能制造支持精益的理念。大数据的应用使得客户需求能够及时准确地更新；智能设施设备能更好地实现精益生产的准时化、“自働化”等模式；智能制造能够使人、机、料、法、环等生产因素实现集成，让制造过程数字化，完成高效、高质量的制造管控，支持整个价值流的改善，消除浪费。

“精益态度”小贴士

“有用”且“有趣”的精益生产

市场竞争日趋激烈，在给企业带来机遇的同时，也对企业的管理水平提出了更高的要求，企业意识到粗放式管理的弊端，因此，纷纷向精益管理转变，开展企业的“减脂”行动，消除那些制约企业成长的“浪费”。精益生产的管理模式贯穿在企业运作的各个环节，它不是工具方法的集合箱，而是一种思想体系，是一种理念，更是一种“消除浪费”的文化。精益生产能够贯彻实施，并且持之以恒，离不开贯彻始终的消除浪费、持续改善的意识。

作为柳州“百年老店”的柳州五菱柳机动力有限公司，一直秉承着“艰苦创业、自强不息”的工业精神，从高速增长阶段转向高质量发展阶段。在其生产现场，不仅有先进智能的生产线，还有无处不在的“精益”，很多巧妙的工装器具就是员工自己改进的。经过多年精益生产的实施，员工已经养成了消除浪费、持续改善的精益生产理念和行为习惯。

除了制造行业，其他的行业也在应用“精益”。如医院和车站的布局、流程优化等，以客户的立场定义“价值”，减少不必要的活动环节；商家关注顾客需求，从方便顾客看和取的角度陈列商品等；办公用品可利用“拉动”的方式，进行采购补充等。

在我们自己的日常生活中，精益的理念也是非常有用且有趣的。早上出门前，可合理安排出门前的流程，让各项活动“均衡生产”，缩短出门前的时间；在进行物品收纳整理时，可应用“5S 管理”让家里井井有条；可以利用“看板”的工具制订家中常用物品的采购计划等。“精益”不仅仅存在于企业管理中，也能够应用于日常生活管理中。去发现生活中的“浪费”，养成良好的行为习惯，让我们的生活变得更好。

案例分享

N企业精益改善案例

N 企业是柳州一家生产销售汽车变速器齿轮、齿轴及汽车传动零部件等产品的生产商，其生产工艺主要为机加、热处理相关活动，现场存在着布局不合理、多次来回搬运、在制品到处堆积等问题。为突破生产瓶颈、降低在制品库存、改善现场环境，企业先以某个系列的齿轴产品为样板线，引进精益专家团队，开展精益生产的改善项目。其改善活动主要有生产线平衡、样板线精益布局、5S 活动等。经过半年时间，样板线的工作效率提高了 63.7%，在制品库存占有率降低 90%，节能降耗 64%，现场环境也得到极大的改善。样板线的成功，让企业、员工都获益，更让企业坚定了持续推行精益生产的决心。改善效果见图 1-9、图 1-10。

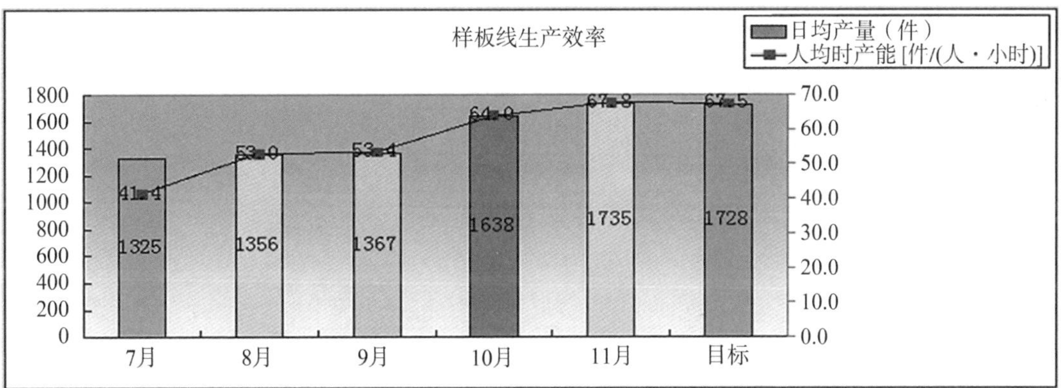

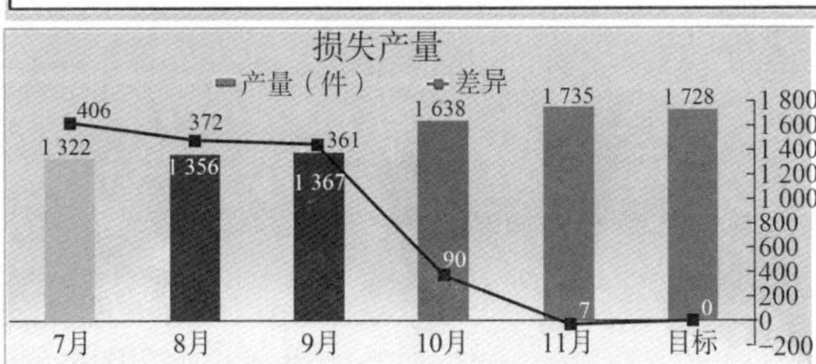

	搬迁前	搬迁后
在制品数量（件）	600	60
在制品减少（件）	540	
交期（小时）	6.67	0.67
单件交期缩短（小时）	6	

图 1-9 样板线指标改善示意图

图 1－10　生产现场改善前后对比图

五、升级训练

在某汽车零部件配送中心库，入库品为供应商提供整车厂所需配套零部件。其主要工作流程为先从收货点将货物搬运至点数台进行点数并录入系统；清点入账完成后，搬运至质检台进行抽检；质检完成后搬运至整库存储；为保证后续的配套需求，需将整库中的大箱零件搬运至拆零台，拆零到单件配套后搬运至零担库。此时，才算完成入库作业。其布局与路线图见图 1－11。请根据资料，分析该入库情境存在的主要问题，并提出改善建议。

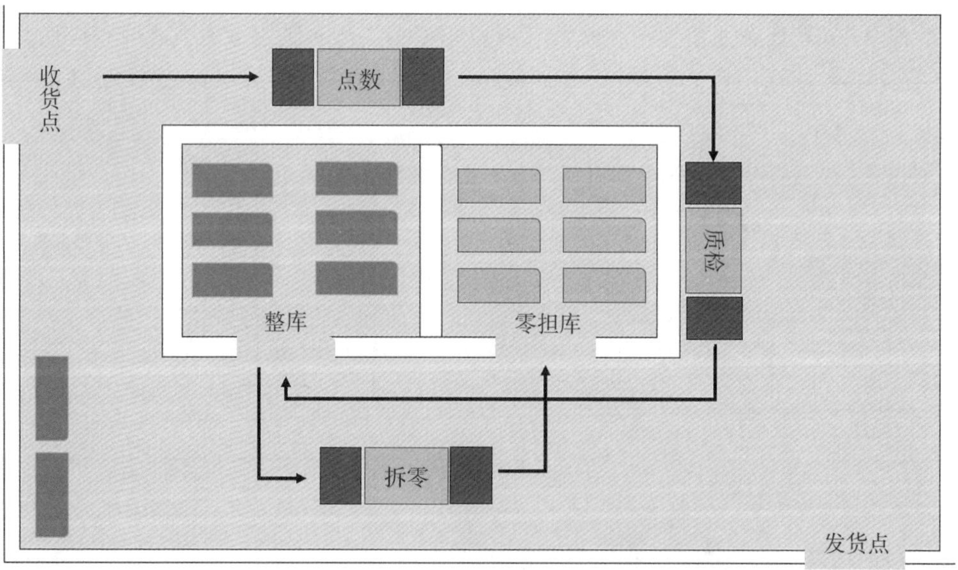

图 1－11　配送中心布局图与入库作业路线图

(一) 任务名称

本任务的名称：配送中心入库作业流程分析。

(二) 任务要求

(1) 个人独立完成。

(2) 站在客户的立场,思考配送中心应为客户提供怎样的服务。

(3) 根据客户所定义的价值,结合精益生产消除浪费的核心理念,分析该情境存在的问题。

(4) 对该配送中心进行改善,提出改善措施,可从布局、业务流程等方面进行思考。需绘制改善后的布局图,描述改善后的作业流程,说明哪些方面将会获得改善。

(三) 任务流程

(1) 以汽车主机厂为客户,从客户的立场,考虑客户想要获得怎样的服务,填写至任务表中“客户需要的服务”一栏(见表 1—2)。

(2) 从布局、搬运次数、物流路线、作业流程等方面分析情境中存在的问题,填写至任务表中“问题描述”一栏(见表 1 - 2)。

(3) 根据所列出的问题,提出改善措施,用布局图、物流路线图、文字说明的方式描述改善措施。

(4) 描述改善后可能会带来的效益,可从搬运距离、成本、效率等方面进行大致的描述,如:缩短了某环节到某环节的搬运距离。

(四) 任务成果

任务成果为配送中心改善分析任务表(见表 1 - 2)。

表 1 - 2　配送中心改善分析任务表

姓名: 学号:
客户需要的服务
问题描述

（续表）

<table>
<tr><th colspan="2">改善措施</th></tr>
<tr><th>布局图与物流路线图</th><th>改善措施说明</th></tr>
<tr><td></td><td></td></tr>
<tr><th colspan="2">改善效益评估</th></tr>
<tr><td colspan="2"></td></tr>
</table>

六、任务评价

<table>
<tr><th rowspan="3">评价项目</th><th rowspan="3">评价标准</th><th rowspan="3">评价依据</th><th rowspan="3">总分（分）</th><th colspan="3">评价方式</th><th rowspan="3">评分（分）</th></tr>
<tr><th>自评</th><th>小组评价</th><th>教师评价</th></tr>
<tr><th>20%</th><th>30%</th><th>50%</th></tr>
<tr><td>职业素养</td><td>1. 遵守课堂纪律
2. 学习积极主动
3. 具有团队合作精神
4. 任务完成过程能体现“精益”</td><td>1. 考勤
2. 学习态度
3. 课堂回答问题与互动情况
4. 任务完成情况</td><td>30</td><td></td><td></td><td></td><td></td></tr>
<tr><td rowspan="2">专业能力</td><td>1. 能够正确记录三局游戏的数据
2. 能够结合每局游戏情境分析问题，列出较合理的改善措施
3. 能够结合所学知识对本次任务进行有效总结</td><td>“精益诊所”任务分析表</td><td>40</td><td></td><td></td><td></td><td></td></tr>
<tr><td>1. 能够正确分析客户需要的服务
2. 能够从精益的角度分析存在的问题
3. 能够应用图文说明改善的措施
4. 能够结合改善措施描述可能带来的改善效益</td><td>配送中心改善分析任务表</td><td>30</td><td></td><td></td><td></td><td></td></tr>
<tr><td colspan="3">总　计</td><td>100</td><td colspan="3"></td><td></td></tr>
</table>

七、自测习题

1. 不定项选择题

(1) 精益生产是由(　　)发展而来的。

A. TPS　　B. JIT　　C. GMS　　D. MIT

(2) 以下属于精益生产特点的是(　　)。

A. 以“顾客需求”为导向　　B. 以“人”为中心

C. 以“精简”为手段　　D. 大规模单一品种生产方式

(3) 以下不属于精益生产管理理念的是(　　)。

A. 由生产成本定义产品价值　　B. 以拉动替代推动

C. 强调价值流动　　D. 追求尽善尽美

(4) 精益生产认为,产品价值只能由(　　)来确定。

A. 生产企业　　B. 零售企业　　C. 客户　　D. 市场

(5) 精益生产的核心理念是(　　)。

A. 产能最大化　　B. 消除一切浪费　　C. 产品质量最优化　　D. 效率最大化

2. 判断题

(1) 精益生产仅是制造部门的事情,设计、销售等其他部门不参与其中。(　　)

(2) 价值由最终客户确定。(　　)

(3) 精益生产是由丰田生产方式发展而来的。(　　)

(4) 单纯化、标准化、专门化是精益生产的三大基础。(　　)

(5) 精益生产中所说的价值流是指生产制造环节的活动。(　　)

任务二

拒绝“盲人摸象”
——认识精益生产管理体系

一、任务学习目标

（一）知识目标

（1）认识精益生产管理的体系架构。

（2）理解精益生产管理体系的两大支柱内容。

（二）能力目标

（1）能够说出三种企业经营思想的区别。

（2）能够根据情境的具体内容绘制架构图。

（三）素质目标

（1）具备创新意识与创新精神。

（2）以系统的角度看待问题。

（四）任务导图

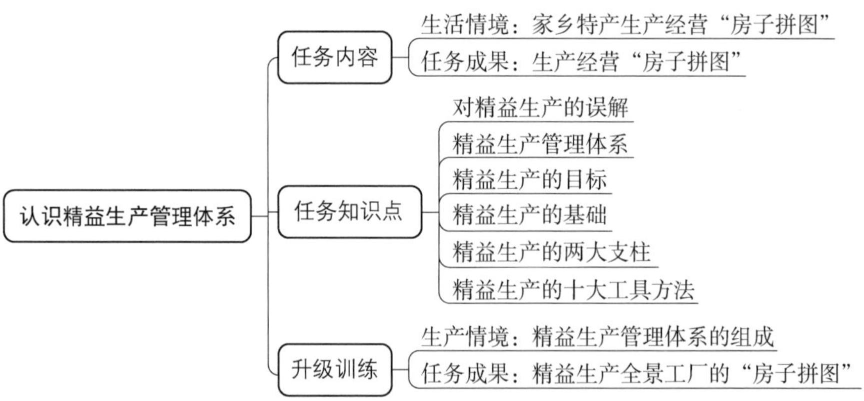

二、任务情境

螺蛳粉起源于广西柳州，如今已发展成为全国各地深受欢迎的美食之一。螺蛳粉能够获得如此高的知名度，离不开袋装螺蛳粉生产的功劳。据柳州市邮政管理局统计，截至2021

年11月28日，通过快递渠道寄出的袋装柳州螺蛳粉突破1亿件，螺蛳粉成为广西首个年寄快递量过亿的单品[①]。同学们来自五湖四海，每个人的家乡应该都有独特的产品，你家乡的特产是什么呢？如果你打算创业开一家生产家乡特产的工厂，以“高质量、低成本、客户满意”为目标，你会如何构思？请以“房子拼图”为模板，完成经营的构思图。

三、任务内容

(一) 任务名称

本任务的名称：家乡特产生产经营“房子拼图”。

(二) 任务要求

以小组为单位，完成“房子拼图”构思图。具体要求如下。

(1) 每组6～7人。

(2) 各小组讨论并选取一种要生产的家乡特产。

(3) 以“高质量、低成本、客户满意”为目标，从生产管理的角度，探讨如何为规模化生产打好基础、保证质量、控制成本。

(4) 根据任务流程要求，简洁概括地完成“房子拼图”的“基石”“支柱”“目标”等内容。

(三) 任务流程

(1) 从“高质量、低成本、客户满意”的角度，确定目标，填写至“房子拼图”的“屋顶”。

(2) 从如何实现规模化生产的角度，思考如果建设好基础，填写至“房子拼图”的“基石”。可参考“任务一”中福特汽车发展案例。

(3) 从质量保证、成本控制的角度，思考如何设计好两大支柱，填写至“房子拼图”的两个“支柱”。

(四) 任务成果

任务成果为生产经营“房子拼图”(见图2-1)。

四、任务知识点

(一) 对精益生产的误解

随着经济建设的飞速发展，国内制造业企业正面临着巨大的管理变革。此时，各企业比以往更加急切地寻求一种先进的生产管理模式，期望它能够使企业降本增效，更好地满足客户的需求，战胜生存危机，实现与世界级企业运营水平接轨的目的。于是，越来越多的企业尝试将“精益生产”逐步引入自己的生产管理中，期望能够提升企业管理水平，使整个运营体系更加高效和规范，在风起云涌的市场竞争中立于不败之地。但很多企业在引入精益生产过程中，对于精益生产的工具运用存在着理解的偏差及固有管理习惯的阻碍，误以为精益生产是工具方法的集合，致使企业在引入及转型过程中出现偏离，或改善效果无法持续。那么，精益生产的工具都有哪些？各工具之间是否存在着必然的联系？是否使用了精益生产

① 见人民网，《柳州螺蛳粉成为广西首个年寄递量过亿产品》，http://gx.people.com.cn/n2/2021/1130/c179430-35028044.html。

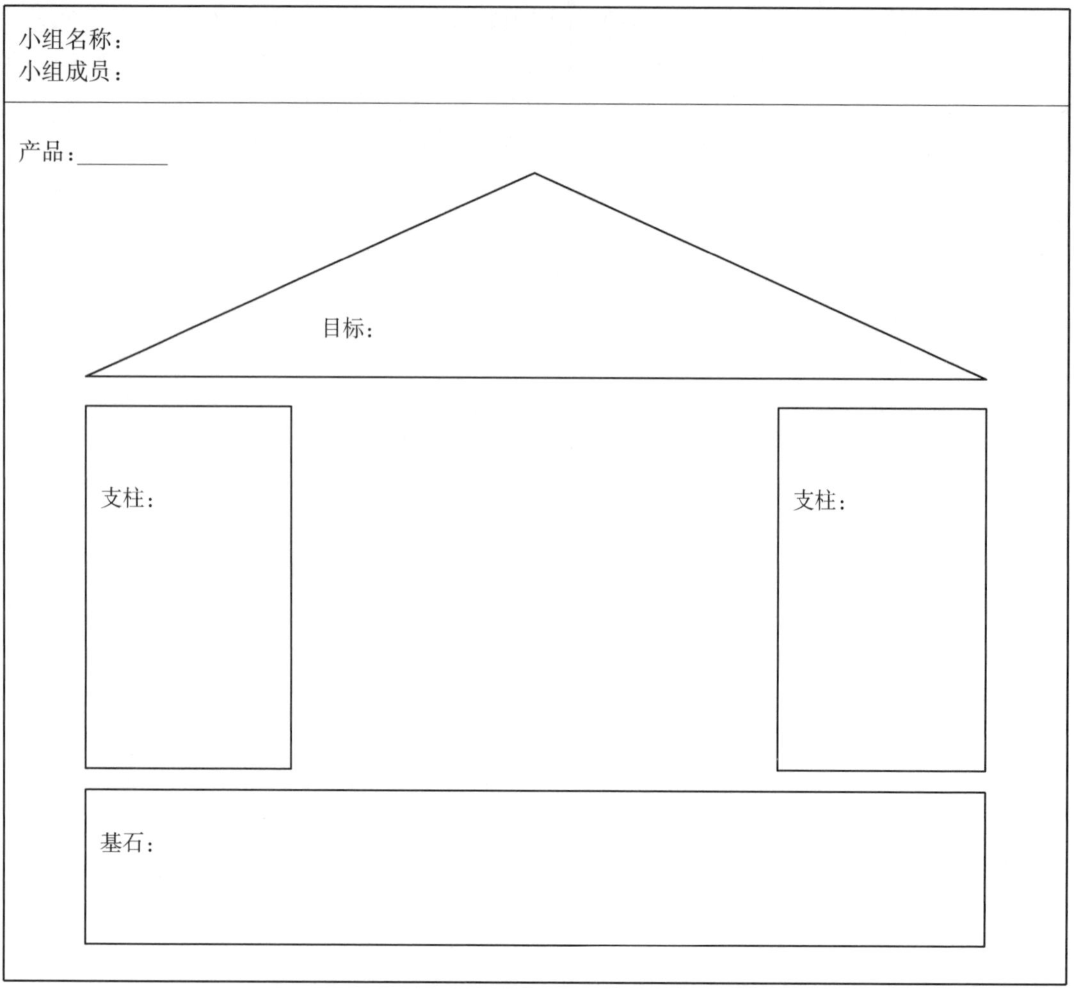

图 2－1 “房子拼图”样式

工具就能够达到精益生产的目的呢？本任务将从精益生产的体系架构的角度来进行解读。

（二）精益生产管理体系

精益生产管理体系可以理解为一间精益屋。以最大限度地使客户满意为屋顶，以消除浪费为房梁，以自働化与准时化生产为支撑屋顶的两大支柱，以5S管理、持续改进等方法为小屋的基石，企业导入精益生产的过程就是搭建这样一个精益屋的过程，其主要组成部分见图2－2。

我们可以将其解读为一个目标、两大支柱、三大基础。

目标：精益生产管理模式的核心目标是实现“零浪费”，在安全、质量、成本、交期、士气五个方面实现最优，最大限度地使客户满意。

支柱：精益生产管理体系的两大支柱为自働化、准时化生产。自働化是产品、过程质量的保证，它强调质量是制造出来的而不是检查出来的，后工序是前工序的上帝，有问题的产品不能流入下工序，做到不接收、不制造、不传递不良品。准时化生产是要保证不过多、过早地生产产品，只有在客户（包括后工序）需要的时间，按需要的数量生产需要的产品。

基础：在建立管理模式之前，必须要建立好必备条件。精益生产的基础包括标准化、现

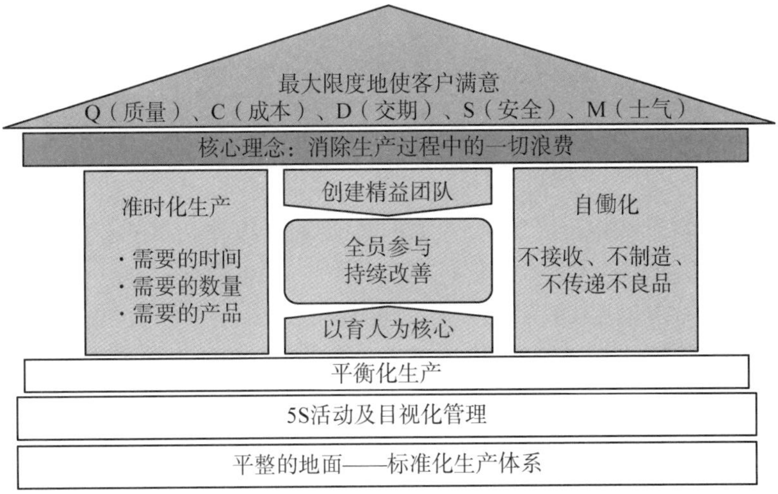

图 2-2　精益屋示意图

场 5S 及目视化、平衡化生产。在运营中不断总结现场最佳实践经验，形成标准化管理体系，并在实践总结、持续改善的过程中稳步前进；通过开展现场的 5S 及目视化管理，形成良好的职业素养；改善生产线平衡，实现单件流，让价值流动起来。

总的来说，为了消除这些浪费，精益生产形成了一套生产管理体系：总结最佳实践经验，形成标准化体系；在标准化体系的基础上做好现场管理的优化；建立准时化生产模式，以降低库存；建立自働化模式，以保证产品及过程质量；持续不断地改进，消除浪费，在安全、质量、成本、交期、士气五个方面实现最佳。

（三）精益生产的目标

1. 三种经营思想

工业企业是以盈利为目的的社会经济组织。因此，最大限度地获得经营效益是企业的基本目标。那么，什么是经营效益呢？在商业上，赢利是指对购进的商品以购进的价格加上一定比率进行销售，这个比率就是商业上的赢利，百货商店等商家的赢利就是这种方式；制造业的赢利是指购进生产加工的原材料，用自己的设备，雇佣工人进行生产加工，使原材料的附加价值在生产中增值，把生产出来的产品卖给消费者，以获取生产过程中的增值部分，这部分是制造业的赢利。

提高制造业的赢利有两种方法：第一种是提高产品销售价格；第二种是降低产品生产成本。

根据不同的赢利方法，企业的经营思想可分为成本中心型、售价中心型、利润中心型三种。

1）成本中心型

以计算或实际的成本为中心，加上预先设定好的利润得出售价，这种经营理念称为成本中心型，即“售价＝成本＋利润”。

例如：生产成本为 100 元，利润定为成本的 20％，则售价定为 120 元。当市场需求增多，供不应求时，企业往往抬高售价来获得更多的利润。这类产品大多属于垄断性的商品，消费者没有选择的余地，但这样的卖方市场是十分有限的。

2）售价中心型

在供应大于销售时，以售价为中心，当市场售价降低时，利润也随之减少，这样的经营理念称为售价中心型,即“利润＝售价－成本”。

例如:市场售价是120元,现在的生产成本为100元,利润就是20元。当市场竞争导致售价降为115元时,成本仍是100元,利润就降为15元。采用这种经营思想的企业大都属于缺乏改善意识的企业,在市场竞争日益激烈的今天更加难以生存。

3)利润中心型

以利润为中心,当市场售价降低时,成本也必须降低,以使获得的利润不会减少,这种经营理念称为利润中心型,即“成本＝售价－利润”。

例如:公司的目标利润是20元,现在市场的售价是120元,那么目标成本就是100元。如果市场售价降至110元,为了维持20元的目标利润,则必须降低成本至90元。很显然,采用这种经营思想的企业通常可以在竞争中立于不败之地。

企业必须投入人员、材料、设备、资金等资源并通过对它们的有效使用和优化组合制造出社会所需要的产品。而利润的高低取决于投入和有效产品的比例,即生产效率。

提高效率有三种途径:第一种,投入不变,产出增加。它适用于产品的成长期,即市场对该产品的需求呈上升趋势的阶段。第二种,产出不变,投入减少。它适用于产品成熟期或衰退期,即市场对该产品的需求呈渐趋稳定或下降的阶段。第三种,投入减少,产出增加。这种途径显然是最理想的,因而难度也是最大的。但是,市场竞争的结果最终导致第一种和第二种途径的失效,从而使企业的经营状况步入低谷。要避免这种状况,就必须采用第三种途径。精益生产的成功有力地证明了这一途径的优越性和有效性。

以上经营理念,从财务角度来看,三种计算方式的结果都一样,但是精益生产采用利润中心型的经营理念,杜绝浪费,通过系统性的整体化生产提高效率,降低产品成本,从而实现利润最大化的目的。

2. 精益生产的终极目标

“零浪费”是精益生产的终极目标,其核心思想是通过持续改善、消除各种浪费现象,实现降低产品生产成本、提高产品质量、改善作业效率的目标,从而提高产品的赢利能力。精益生产思想所说的浪费,是指消耗了时间和成本又不产生价值的一切活动。它把浪费定义为7种类型,具体如下所示。

(1) 过量生产浪费:生产不能马上使用或出售的产品、零部件。

(2) 缺陷浪费:为防止缺陷产生而付出的额外活动。

(3) 搬运浪费:物料移动不符合准时化生产要求。

(4) 动作浪费:完成作业所不需要的任何动作。

(5) 等待浪费:两项作业之间的等待时间,以及由等待原材料、生产线不平衡或作业计划出错等导致的某项作业过程中的闲置时间。

(6) 库存浪费:存储过量的原材料、产成品等。

(7) 过度加工浪费:对产品不必要的过分加工,这是最难确定和消除的浪费。

精益生产的核心思想就是力图通过“彻底排除浪费”实现企业的盈利目标。关于七大浪费,将会在后面的任务中详细讲解。

(四) 精益生产的基础

在精益屋的架构中,标准作业和改善是基础。也就是说,企业要开展改善,必须先把流程标准化,继而使其稳定,然后才能谈精益生产里的持续改善。如日常生活中,你若学打排球(或其他项目),教练教你的第一件事是基本的姿势动作,接下来,你必须不断地练习以稳定你的动作,在尚未熟练掌握这些基本技巧前,你根本不能奢望改善球技。

任何流程除非标准化,否则不可能达到真正的改善。一个流程若乱无章法、经常改变,那么,任何针对此流程的改善只不过是多增加的一项变化种类。因此,企业在引入精益生产时,标准化是整个体系的基础。在该基础上,进行现场管理的改善、各工序间的平衡改善。

(五)精益生产的两大支柱

1. 自働化

这里的“自働化”非“自动化”,它是指当被加工零件或产品出现不良时,设备或系统能即时判断并自动停止,通过人的主观能动性,实现“一有异常马上停机,绝对不生产不良品”的模式。自働化强调后工序是前工序的“客户”,有问题的产品不能流入下工序,产品质量是由各个工序决定的。也就是每道工序都要做到“不制造、不接收、不传递”不良品。“自働化”的要点示意图见图2-3。

图2-3 自働化的要点

通过“自働化”改善的设备或系统,可以达到两个目的,一个是不生产不良品(实现零缺陷),即用简便(投资最少化)的机械替代人的劳作,减轻作业强度,提高工作效率;另一个是可以节省监控设备运行的看护人(实现省人化),即异常发生时的自动停机功能。

为了实现“自働化”的模式,可应用暗灯系统对现场的异常情况进行反馈,快速响应并解决现场问题;通过各种防错的方式,减少过程中质量问题的出现;通过全员生产维护保证设备的最佳状态等。总之,要通过各种手段,保证产品质量、过程质量。

2. 准时化生产

准时化生产是指企业生产系统的各个环节、工序只在需要的时候,按需要的量生产出需要的产品。其实质是保持物流和信息流在生产中的同步,实现以恰当数量的物料,在恰当的时候进入恰当的地方,生产出恰当质量的产品。这种方法可以减少库存,缩短工时,降低成本,提高生产效率。

从本质上讲,准时化生产是一种生产管理技术。但就它的基本理念来说,准时化生产不仅仅限于生产过程的管理。它是一种现代经营观念和先进的生产组织原则,追求的是生产经营全过程的合理性、高效性和灵活性。它是包括经营理念、生产组织、物流控制、质量管理、成本控制、库存管理、现场管理和现场改善等在内的完整的生产管理技术与方法体系。

准时化生产是精益生产模式的重要组成部分。其技术工具“看板”被广泛应用于现场的生产运作、物流组织等各项活动中。它不仅适用于汽车行业，也适用于所有流程型企业；不仅适用于规模较大的主机厂，也适用于规模较小的配套厂；不仅适用于生产制造部门，也适用于销售和采购等部门；不仅需要管理人员的支持，更需要监督人员和操作人员的参与。准时化生产强调“非常准时”和“按需要生产”，它要求生产过程中各个环节衔接的准时化，没有不必要的物流停顿和库存，按用户的质量、数量和交货期要求进行生产。准时化生产通过对生产流程的物流和信息流的改善得以实现。

（六）精益生产的十大工具方法

丰田企业认为准时化生产、保证质量的“自働化”是精益生产的两个支柱，发挥员工智慧和创造力是企业发展的原动力。从应用的角度来看，精益生产常用的有十个工具方法。

1. 准时化生产(JIT)

准时化生产的具体含义在之前已经阐述，在此不做过多说明。这种生产方式的核心是追求一种无库存的生产系统，或使库存达到最小的生产系统。

2. 单件流

准时化生产是精益生产的终极目标，它是通过不断消除浪费、降低库存、减少不良品、缩短制造周期等具体要求来实现的。单件流是帮助我们达到这一目标的关键手法之一。

3. 看板管理(Kanban)

看板是可以作为交流厂内生产管理信息的手段。看板卡片包含相当多的信息并且可以反复使用。常用的看板有两种，即生产看板和运送看板。

4. 零库存管理

工厂的库存管理是供应链的一环，也是最基本的一环。就制造业而言，加强库存管理，可缩短原材料、半成品、成品的滞留时间并逐步消除浪费，减少无效作业和等待时间，防止缺货，提高客户对“质量、成本、交期”三大要素的满意度。

5. 全面生产维护(TPM)

全面生产维护是指以全员参与的方式，创建设计优良的设备系统，提高现有设备的利用率，实现产品的安全性和高质量，防止故障发生，从而使企业达到降低成本和全面提高生产效率的目标。

6. 运用价值流图识别浪费

生产过程中到处充斥着惊人的浪费现象，价值流图(value stream mapping，简称 VSM)是实施精益系统、消除过程浪费的基础与关键点。

7. 生产线平衡设计

生产中往往存在一些问题，如：流水线布局不合理导致生产工人无谓地移动，从而生产效率降低；动作安排不合理、工艺路线不合理，导致工人三番五次地拿起或放下工件。因而要进行生产线平衡设计。

8. 拉系统与补充拉系统

所谓拉动式生产是指以看板管理为手段，采用“取料制”，即后道工序根据市场需要进行生产，绝不多生产一件产品，对本工序在制品短缺的量从前道工序取相同的在制品量，从而形成全过程的拉动控制系统。需要以拉动式生产为基础的拉系统操作是精益生产的典型特征。精益追求的零库存，主要通过拉系统的作业方式实现。

9. 缩短设置时间

为了使停线等待浪费减为最少，缩短设置时间的过程就是逐步去除和减少所有的非增值作业，并将其转变为非停线时间。精益生产是通过不断消除浪费、降低库存、减少不良品、缩短制造周期等具体要求实现的，缩短设置时间是帮助我们达到这一目标的关键手法之一。

10. 持续改善

当开始精确地确定价值，识别价值流，使为特定产品创造的价值的各个步骤连续流动起来，并让客户从企业拉动价值时，奇迹就开始出现了。持续改善是建立在标准化基础上的过程，它通过一系列小的改进从而获得最终的改善。持续改进过程其实是通过 PDCA 不断地进行标准化、改进的过程（见图 2－4）。

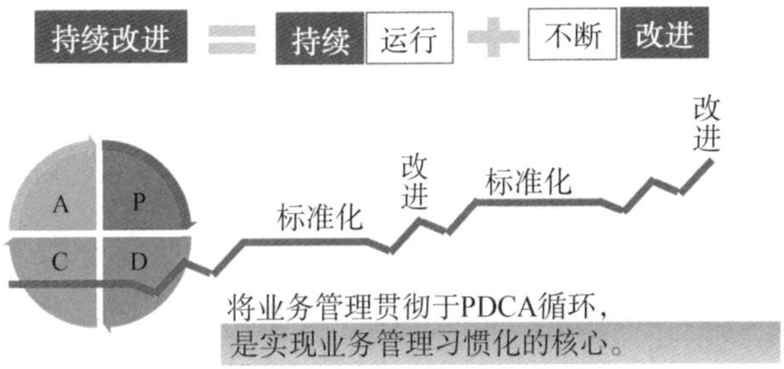

图 2－4　持续改进过程示意图

拓展学习

暗灯系统

在制造现场，暗灯系统（andon）主要是指将现场异常问题反馈，并用来寻求帮助的工具。暗灯系统虽然起源于汽车行业，但当前其应用不仅限于汽车行业的现场管理，它已在各类制造行业的生产线上得到推广及应用，并取得良好的效果，对现场品质、设备、物料的管理发挥了重要的作用。

其作用为：当工位或生产线上有异常状况（如品质、设备、物料等问题）产生时，即时发出信息，寻求相关支持部门帮助；推动管理层和支持部门“巡视发现”生产线上的问题并采取行动；系统跟踪异常状况到问题解决的整个流程，促使问题得到解决；系统搜集数据，识别问题发生最多的地方，并进行改善；传递各工位或生产线的实时状态信息，建立透明化的生产现场。

暗灯系统主要包括：暗灯信息发生系统、暗灯看板及声音系统、暗灯数据分析系统。暗灯系统具有强大的现场响应功能，而且具有完善的数据分析功能，它可以按照暗灯类型、暗灯时间等不同要求直观地反映生产线运行状态。

如图 2－5 所示，该暗灯就是在生产过程中，一旦存在异常问题，每位工位上的员工都可以拉响暗灯，以寻求相关支持人员或部门的帮助。通过应用暗灯系统这一工具，在生产过程中贯彻“不接收、不制造、不传递缺陷”的“三不”原则，不让缺陷流到下工序，拉动管理人员快速响应现场，贯彻现场、现物、现实的“三现”主义，促进团队合作，推动问题得到高效解决。

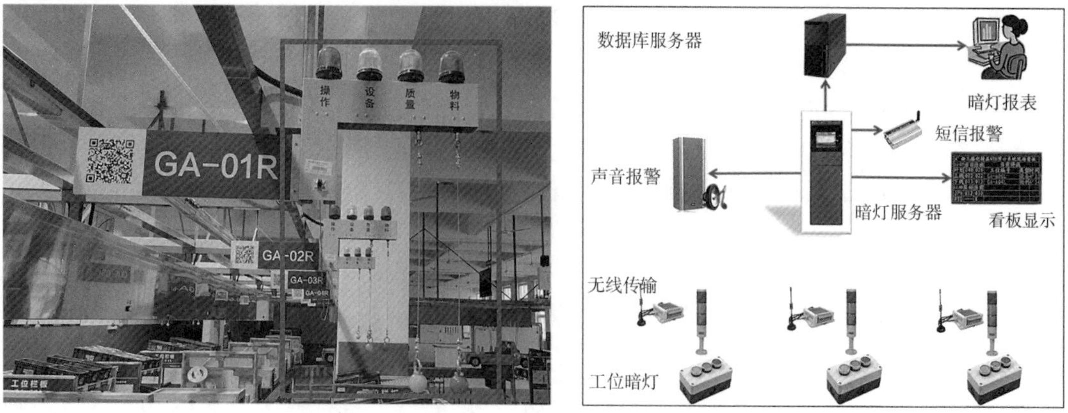

图 2-5　工位暗灯及暗灯系统组成示意图

五、升级训练

为了让大家能够结合生产现场感受精益生产体系，现以柳州职业技术学院的精益生产全景工厂为例，分析精益生产的体系构成。该精益生产全景工厂以木模车为生产载体，实施任务为模拟汽车总装线的人员组织、生产操作、物流组织等生产运营活动各过程。请大家扫描二维码，认真观看视频中精益生产全景工厂的运行过程，结合具体情境，谈谈精益生产管理体系的组成，绘制精益生产全景工厂的“房子拼图”。

视频资料

精益生产管理体系的组成任务情境

请扫描二维码，观看精益生产全景工厂运行过程，并结合情境内容，完成“房子拼图”任务。

(一) 任务名称

本任务的名称：精益生产管理体系的组成。

(二) 任务要求

(1) 个人独立完成。

(2) 根据所学到的精益生产管理体系架构各部分的理论知识，识别视频中的情境分别属于哪些部分。

(3) 需采用图文结合的方式进行描述。

(三) 任务流程

(1) 将视频中涉及的要完成的目标情境进行截图，并文字描述要达到哪些方面的目标、具体指标。

(2) 将视频中涉及的体现准时化生产的情境进行截图，并用文字描述情境中涉及的具体技术、方法或工具等，以及其在情境中所发挥的作用(需结合情境)。

(3) 将视频中涉及体现自働化的情境进行截图，并用文字描述情境中涉及的具体技术、方法或工具等，以及其在情境中所发挥的作用(需结合情境)。

(4) 将视频中涉及的体现标准化的情境进行截图，并用文字描述情境中涉及的所用到的工具表单名称，以及其在情境中所发挥的作用(需结合情境)。

(5) 将视频中涉及的5S与目视化管理的情境进行截图，并用文字描述具体的应用场景。

(6) 将视频中涉及的关于生产线平衡的情境进行截图，并用文字描述情境中涉及的工具名称。

(四) 任务成果

任务成果是精益生产全景工厂的“房子拼图”(见图2-6)。

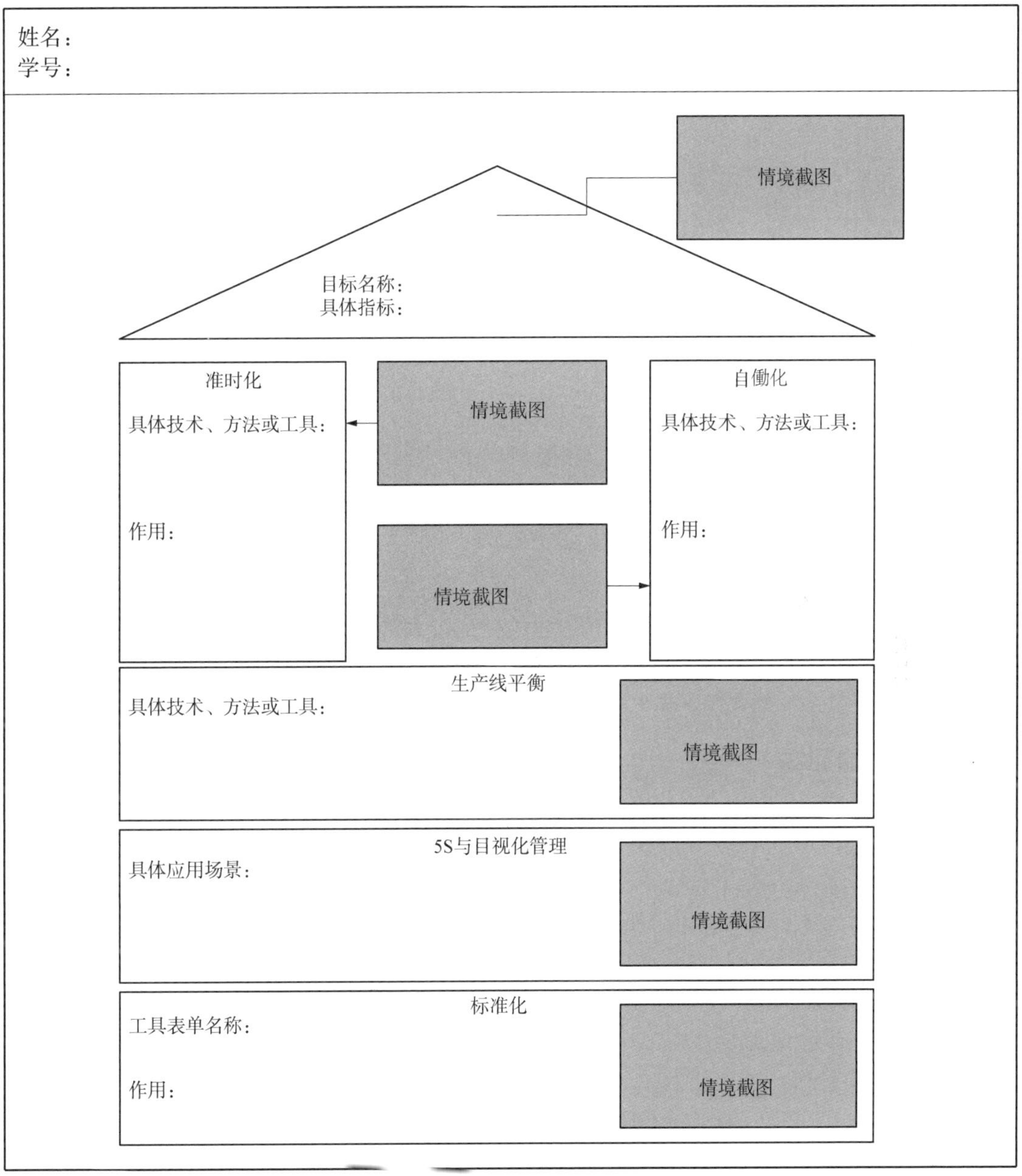

图2-6 精益生产全景工厂“房子拼图”样式

六、任务评价

<table>
<tr><th rowspan="3">评价项目</th><th rowspan="3">评价标准</th><th rowspan="3">评价依据</th><th rowspan="3">总分（分）</th><th colspan="3">评价方式</th><th rowspan="3">评分（分）</th></tr>
<tr><th>自评</th><th>小组评价</th><th>教师评价</th></tr>
<tr><th>20%</th><th>30%</th><th>50%</th></tr>
<tr><td>职业素养</td><td>1. 遵守课堂纪律
2. 学习积极主动
3. 创新能力强
4. 系统思维能力强</td><td>1. 考勤
2. 学习态度
3. 课堂互动、任务过程表达</td><td>30</td><td></td><td></td><td></td><td></td></tr>
<tr><td rowspan="2">专业能力</td><td>1. 小组能够按要求完成“房子拼图”
2. 能够口头表达出“房子拼图”各部分的相互联系，言之有理，逻辑清晰</td><td>生产经营“房子拼图”</td><td>30</td><td></td><td></td><td></td><td></td></tr>
<tr><td>1. 个人能够独立完成精益生产全景工厂的“房子拼图”各部分内容
2. 能够正确识别情境中所对应的精益生产体系架构的各部分
3. 能够用图文描述具体内容
4. 能够正确整理精益生产管理体系中“两大支柱”和“基础”的关系</td><td>精益生产全景工厂的“房子拼图”</td><td>40</td><td></td><td></td><td></td><td></td></tr>
<tr><td colspan="3">总　　计</td><td>100</td><td colspan="3"></td><td></td></tr>
</table>

七、自测习题

1. 不定项选择题

(1) 以下不属于精益生产追求的目标的是(　　)。

A. 保证安全生产　B. 低成本　C. 缩短交期　D. 高产量

(2) 以下属于“利润中心型”的表达式是(　　)。

A. 售价＝成本＋利润　B. 成本＝售价－利润

C. 利润＝售价－成本　D. 以上都对

(3) 精益生产的两大支柱包括(　　)。

A. 标准化　B. “自働化”　C. 目视化　D. 准时化生产

(4) “自働化”所说的“三不”质量管理原则是指(　　)。

A. 不接收　B. 不制造　C. 不停线　D. 不传递

(5) 精益生产的终极目标是(　　)。

A. 零库存　　B. 高柔性　　C. 零浪费　　D. 零缺陷

2. 判断题

(1) “自働化”是指增加设备代替人工劳动。　(　　)

(2) 精益生产只是一些工具方法的集合。　(　　)

(3) 在制造过程中,产品的质量在每一个生产环节都要得到保证,任何一个生产工序都不能将任何有缺陷的产品送到下一工序。　(　　)

(4) 产品的质量是制造出来的,而不是检查出来的。　(　　)

(5) 精益生产的品质管理强调事前预防不合格品的产生。　(　　)

任务三

找出那些“无用功”
——价值流分析

一、任务学习目标

（一）知识目标

（1）理解价值的含义。

（2）认识进行价值流分析与改善的意义。

（二）能力目标

（1）能够区分增值与非增值活动。

（2）能够根据具体情境画出价值流程图。

（三）素质目标

（1）理解精益精神对于企业的重要性。

（2）具有价值管理意识。

（四）任务导图

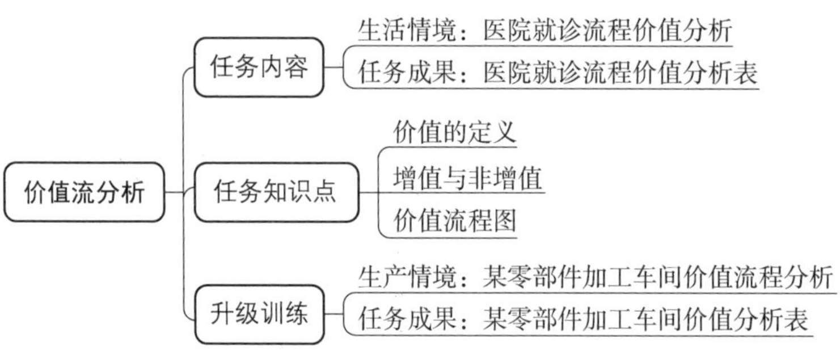

二、任务情境

在任务一的“精益诊所”游戏任务中，我们已经模拟了病人去医院看病的过程，也从游戏中发现并不是所有的过程都是必要的。请以任务一的“精益诊所”游戏为背景，从来就诊的病人的需求出发，绘制第一局整个看病过程的流程图，并分组讨论对就诊病人来说哪些环节是有用的，哪些是无用的。

三、任务内容

（一）任务名称

本任务的名称：医院就诊流程价值分析。

（二）任务要求

（1）按任务一中实施“‘精益诊所’体会与改善”任务的分组组成小组。

（2）回顾第一局游戏中“就诊”的过程，绘制流程图。

（3）从病人的角度，分析哪些环节是有用的，哪些环节是无用的。

（4）整理以上内容，完成医院就诊“价值流程图”。

（三）任务工具

医院就诊“价值流程图”的各项符号见图 3－1。

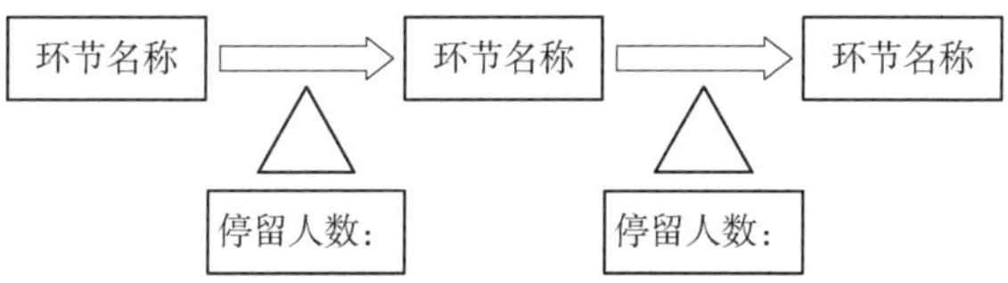

图 3－1　医院就诊“价值流程图”各项符号样式

（四）任务流程

（1）按任务要求分组。

（2）根据各小组在完成“‘精益诊所’体会与改善”任务的第一局“就诊”过程，确定主要的环节。

（3）用“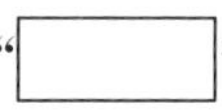”表示环节的节点。

（4）用“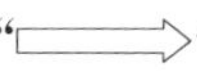”连接各环节。

（5）在两个环节之间，如果有病人等候停留的情况，用“”进行标识，并在下方填写停留人数。可结合“精益诊所”游戏的任务数据填写。

（6）根据所绘制的流程图，从病人就诊的角度，分析哪些环节是有用的，哪些环节是无用的。其中，将有用的环节填写至医院就诊流程价值分析表中的“增值活动”项，将无用的环节填写至表中的“非增值活动”项。

（五）任务成果

任务成果为医院就诊流程价值分析表（见表 3－1）。

表 3－1　医院就诊流程价值分析表

小组名称： 小组成员：	
医院就诊 “价值流程图”	

（续表）

增值活动	
非增值活动	

四、任务知识点

视频资料

增值与非增值

请扫描二维码，观看视频，初步了解增值与非增值的相关知识。

（一）价值的定义

如何定义企业经营的价值？很多人会不约而同地说："这还用问吗？答案是显而易见的。把产品制造给客户就是价值，价值是不需要定义的，只需要把产品保质、保量地制造出来就可以了！"实际情况真是这样吗？下面我们可以结合点外卖的经历来分析什么是精益生产所说的价值。

- ☐ 面包
- ☐ 鸡肉
- ☐ 可乐
- ☐ 薯条
- ☐ 淀粉"珍珠"
- ☐ 奶
- ☐ 茶底
- ☐ 制作食材的耗能
- ☐ 制作多余食材的损耗
- ☐ 存放多余食材的保管费
- ☐ 正常时间范围内配送员的"运输"服务
- ☐ 配送员车子的保养费
- ☐ 配送员在路上多余的周转时间

图 3-2　所点外卖中付费的选项示意图

假设你现在用手机软件点了一份外卖：汉堡、薯条、可乐、珍珠奶茶。配送过程中，配送员忘记取餐，多跑了一趟。虽然有些波折，但最终还是如愿以偿地拿到你的外卖了。对于图 3-2 所列出的外卖中的付费的选项，你会为了哪些选项买单呢？

在这些选项中，站在顾客的角度，我们愿意为了自己想要吃的食物材料买单，如面包、鸡肉、可乐、薯条、淀粉"珍珠"、奶、茶底；愿意为加工食物的耗能买单（水、电、天然气等）；愿意为正常时间范围内配送员的"运输"服务买单。但对于商家囤货造成的损耗、保管费用，以及配送员因自己失误而多次往返的成本、配送员车子的保养费等，从顾客的角度来看，是不会愿意为之付费的。在这个案例中，顾客愿意为之买单的物品、活动、服务，就是精益生产所说的“价值”。

从精益生产的角度来说，准确定义企业价值有以下原则：

(1) 由客户定义价值而不是由企业来定义价值。

(2) 按照客户的观点，定义价值就必须将生产的全过程浪费减至最少。

(3) 精益价值观将商家和客户的利益统一起来，是“双赢”而不是“我赢你输”。

(4) 用以客户为中心的价值观来审视企业的产品设计、制造过程、服务项目，去发现那些不是客户需要但又消耗资源的浪费。消灭这些浪费的直接受益者既是商家，也是客户。如工艺图档中的每一步对设计者而言也许都是有价值的，但对客户来说可能就是浪费。把粗略的钢材毛坯加工成精密的零件对客户来说是有意义的，而坯料在各道工序间的搬运或储存，对客户来说就是无价值的。

企业因客户而存在，客户购买企业产品的时候，产品价值才能体现出来。因此，从客户的角度讲，价值就是对客户有用的活动。

(二) 增值与非增值

假设生产系统的员工有 100 人，每天按照法定工作日工作 8 小时，那么可以核算出这些员工一天能够在企业工作的总时间为 800 小时，按照传统企业管理理念，企业获取了这 800 小时的工作量，员工在这一天内为企业创造了 800 小时的价值，而实际情况真是这样吗？答案是否定的。如果消耗了资源，但却又不直接贡献于产品和服务，就是没有价值的，即非增值活动；只有将物料与信息转变成客户需要的产品与服务，且其品质符合要求，不需要任何返工的活动才是有价值的，即增值活动。

在生产过程中，增值活动(VA)是指能够增加产品价值的活动，包括物料变形、组装、改变性能、部分包装等，此外就是非增值活动，如物料运输、走动、零件返修和检验等都属于非增值活动(NVA)。可以用三个标准区分企业的增值和非增值活动：

(1) 顾客愿意为活动买单。

(2) 活动必须以一定的方式改变产品或服务。

(3) 活动必须从一开始就要做对。

对于某项活动来说，若上述标准中的任何一条不能满足，都不能称其为增值活动。另外，判断一个活动是否增值的简单方法，就是假设取消这个活动，如果客户认为产品价值降低了，这个活动就是增值的，否则就是非增值的。例如，返工和等待时间，客户是不会认为它有任何价值的。生产过程中，从客户的角度看，花费在增加产品价值活动上的时间就是增值时间，其他为非增值时间，也就是浪费。

在非增值活动中，又分为不必要非增值活动和必要非增值活动。不必要非增值活动是指只增加成本而不产生附加价值的作业，如等待、寻找、库存等，是优先改善的内容。必要非增值活动是指到目前为止还不得不做的作业，如设备维护、检验、更换作业程序、为取工件走动、打开零件包装等。关于增值与非增值的分类见图 3-3。

在制造业的制造过程中，增值活动约占企业生产和经营活动的 5%，必要但非增值活动约占 60%，其余 35%为浪费，其占比示意图见图 3-4。换而言之，顾客只愿意冲着那 5%的增值活动掏腰包。

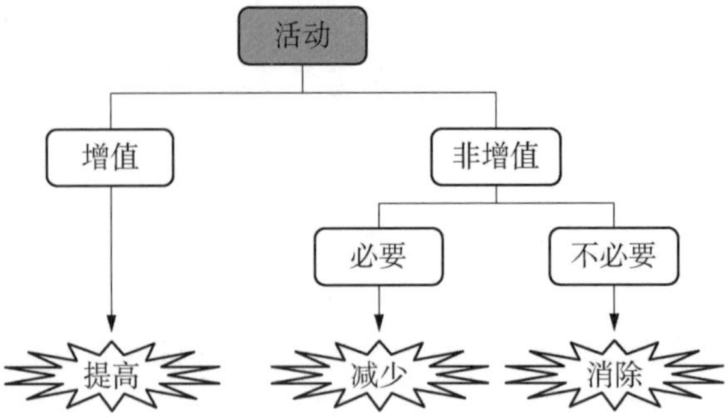

图 3-3　增值与非增值的分类

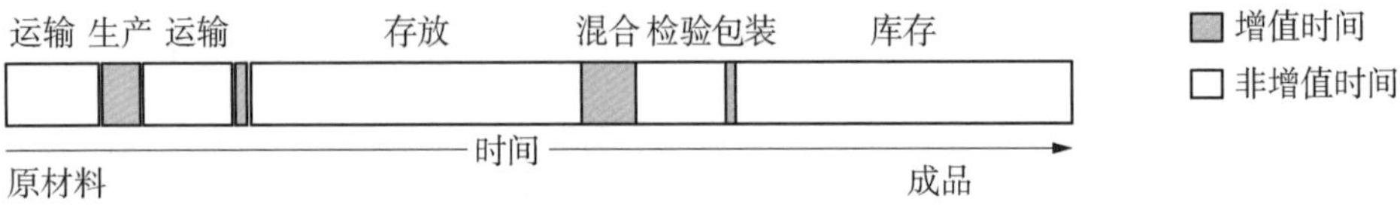

图 3-4　制造过程中增值与非增值占比示意图

传统的增值能力改善思路往往是对增值部分进行技术分析。但对增值部分的改善空间实际上非常狭小。而分析和改善企业非增值的部分，企业的改善空间相对较大。增值与非增值改善空间示意图见图 3-5。

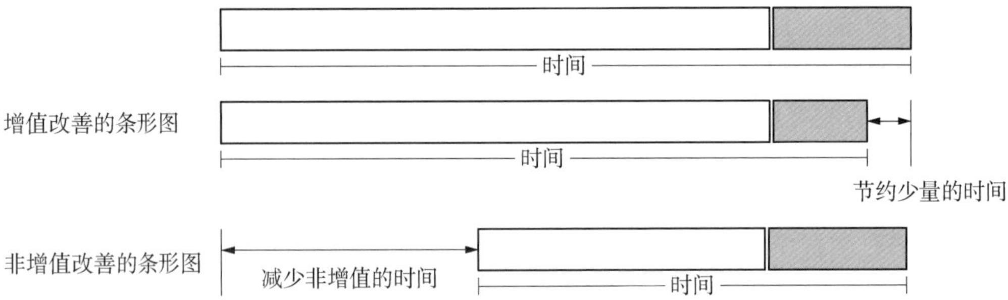

图 3-5　增值与非增值改善空间示意图

（三）价值流程图

1. 价值流程图的定义

价值流程图(value stream mapping，简称 VSM)是精益生产管理中一种用来描述物流和信息流的形象化工具，目的是辨识和减少生产过程中的浪费，并用于说明生产过程中所减少的浪费总量。VSM 可以作为管理人员、工程师、生产制造人员、流程规划人员、供应商以及顾客发现浪费、寻找浪费根源的起点。从这点来说，VSM 还是一项沟通工具，往往被用作战略工具、变革管理工具。VSM 通过形象化地描述生产过程中的作业流、物流和信息流，达到上述工具的目的。从原材料购进的那一刻起，VSM 就开始工作了，它贯穿于生产制造的所有流程、步骤，直到终端产品离开仓储。可以说，价值流程图是一幅精益生产管理的地图。价值流程图的作用主要有：

(1) 它使你更直观地认识整个生产流程。

(2) 它将物流和信息流紧密地联系起来。

(3) 它向我们展示了制造过程中出现的浪费和浪费源，以便我们找出办法消除浪费、持续改进。

(4) 它为我们的持续改进提供了一个可视化、通用化的语言。

(5) 它使各个生产流程之间的关系一目了然。

2. 价值流程图的绘制步骤

在选定产品系列后，价值流程图的绘制主要有三大步骤：把握现状、绘制现状图、绘制未来状态图(见图 3－6)。

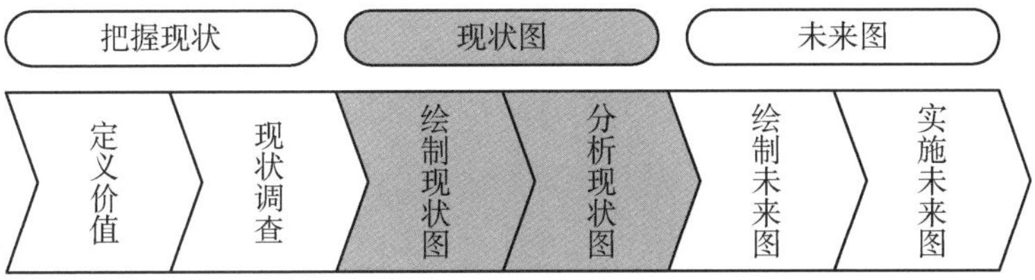

图 3－6　价值流程图的绘制步骤

1) 把握现状

根据选定的产品系列，定义该产品系列的价值活动，并进行现状调查，把握产品的整个生产过程、工艺等现状。

2) 现状图

根据选定的产品系列，在现场绘制现状图。在这个过程中，尽可能让多个部门的人同时参与，并达成共识，绘制准确的价值流程图。在绘制完成现状图后，对现状图进行分析。

3) 未来图

现状图仅代表了现在的价值流状况，要根据分析的结果绘制未来的状态图。未来图的绘制基于已画出的现状图，并参考所收集的现状数据。当对未来图达成共识后，就要明确相关成员、任务、指标等，确定计划并实施。而当已实施了未来图后，则应该重复第一、第二步骤，持续改进。

3. 价值流程图的绘制图标与绘制过程

绘制价值流程图，需要应用到各种图形、箭头来表示生产过程、物流、信息流等信息。常用的图标如表 3－2 所示。

表 3－2　价值流程图常用的绘制图标

含义	图例	含义	图例
生产过程		先进先出顺序流动	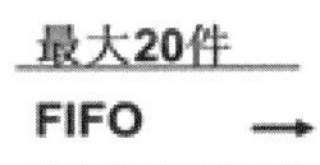
外部供应商		推动箭头	

（续表）

含义	图例	含义	图例
数据箱	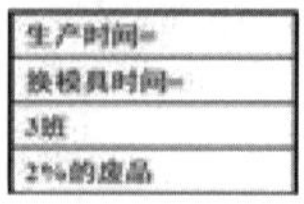	成品向顾客移动	
库存		手动信息流	
货车运送	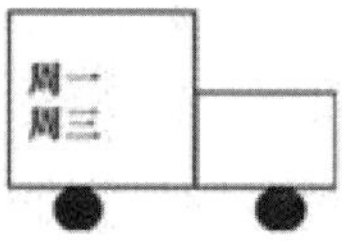	电子信息	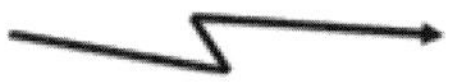
负荷平衡盘		操作工	
取货看板	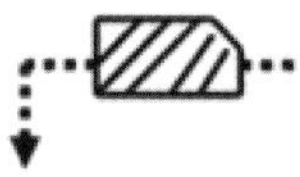	顺序拉动环	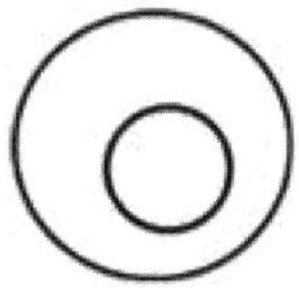
生产看板	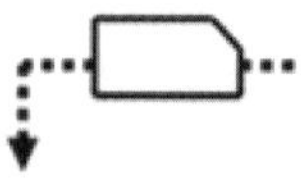	缓存或备用库存	
看板符号		物料超市	
看板位置		计划	

绘制步骤具体如下所示。

（1）从顾客的需求着手：在图纸的右上角绘出顾客及顾客的要求。

（2）绘制基本的生产过程（见图 3－7），填制数据栏的内容。

（3）连接：根据信息、物流类型等，用相应的箭头把各过程块连接在一起（见图 3－8）。

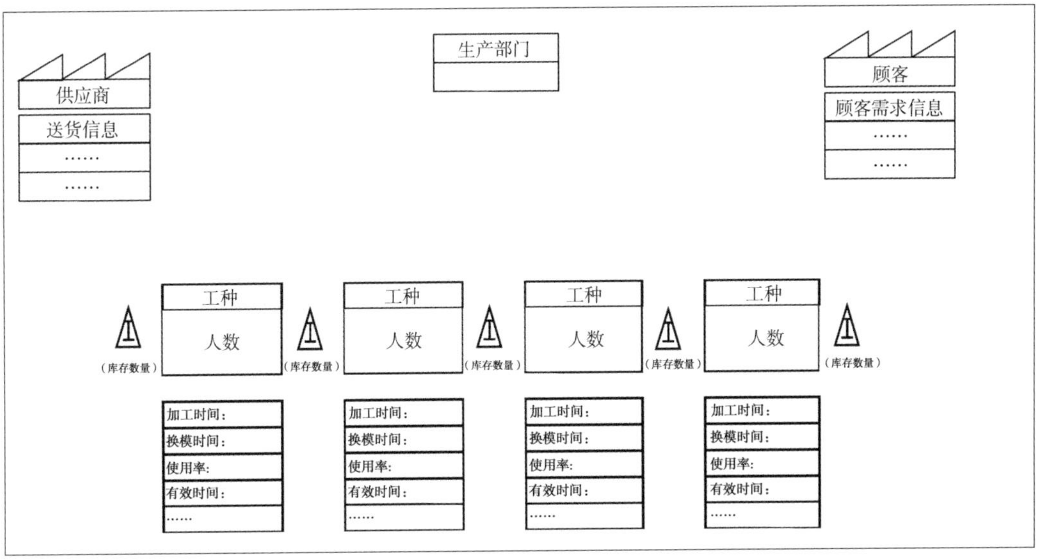

图 3－7　绘制基本生产过程

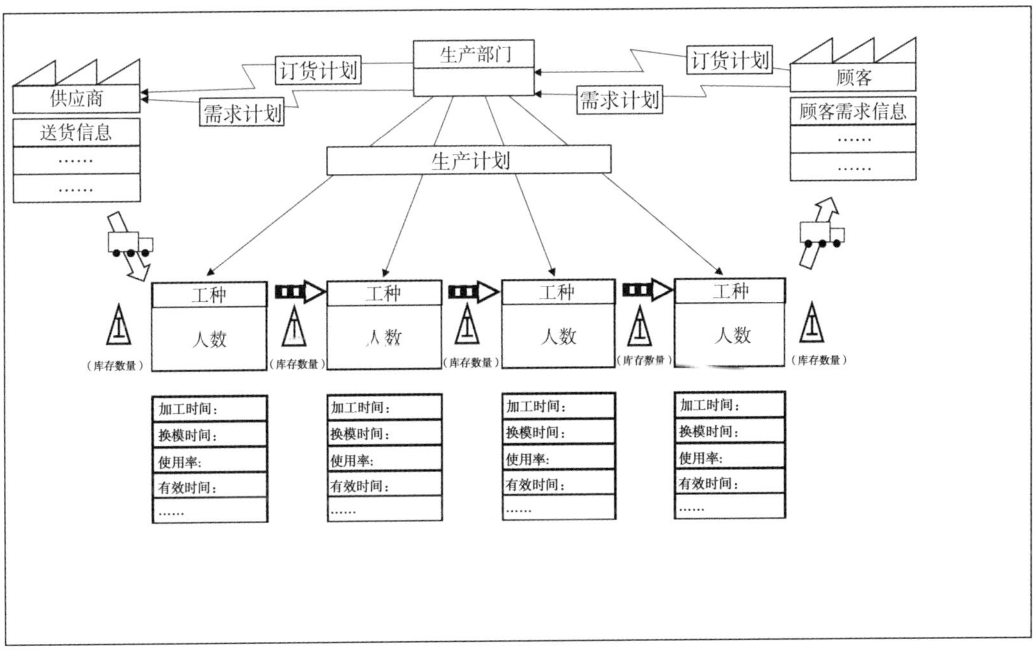

图 3－8　绘制物流箭头

(4) 画时间线:包含库存时间和增值时间(见图 3－9)。

价值流程图分析的主旨是立即暴露存在的浪费问题,并将其彻底排除。只有识别了问题,才能改善。很多不熟悉精益生产的人之所以会遇到一大堆难题,是因为他们没有找到问题点。因此,要改善企业组织生产过程中的浪费现象,首先要认识浪费。关于浪费的内容,将在下一任务展开讲解。

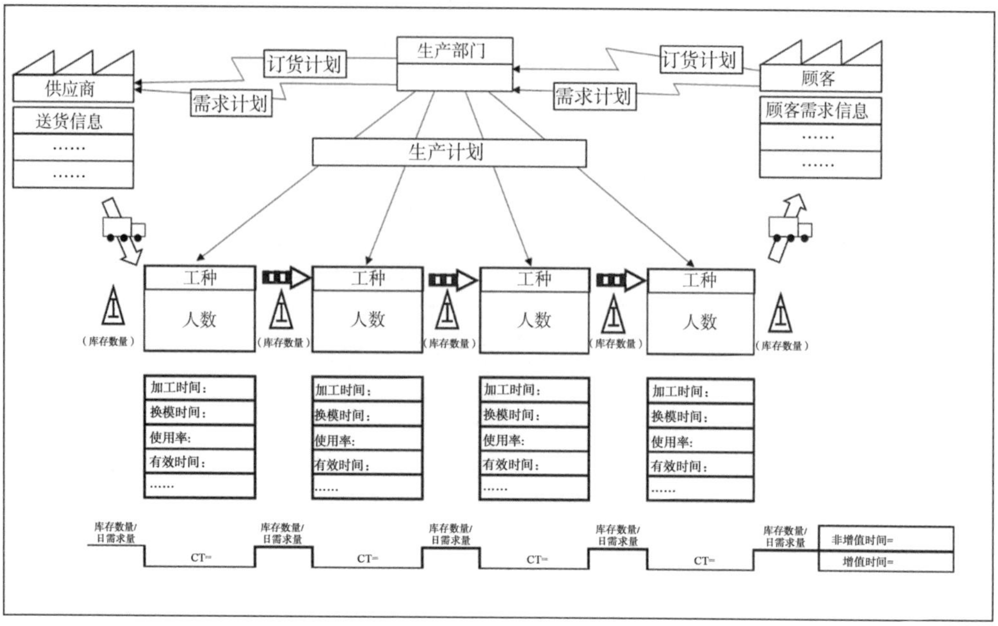

图 3-9 绘制时间线

案例分享

某汽车零部件加工车间价值流分析

某汽车零部件加工车间，生产总装车间的装配工位提供装配所需的成品零部件。搬运工每班从仓库向车间搬运一次毛坯，从车间向装配工位搬运两次成品零件。装配工位每天对该零件的需求为 700 件，每料盘 25 件，并把他们的每月预测和每日需求信息发给车间调度部门。装配工位与车间和原料、半成品仓库均实行两班制，每班有效时间为 25 200 秒，使用率为 100%。该零部件加工车间的加工工艺主要为粗车、钻孔、精车与抛光、检验。其中，粗车工序的加工时间为 60 秒，钻孔工序的加工时间为 35 秒，精车与抛光工序的加工时间为 55 秒，检验工序的加工时间为 25 秒。这几个工艺过程的布局示意图如图 3-10 所示。

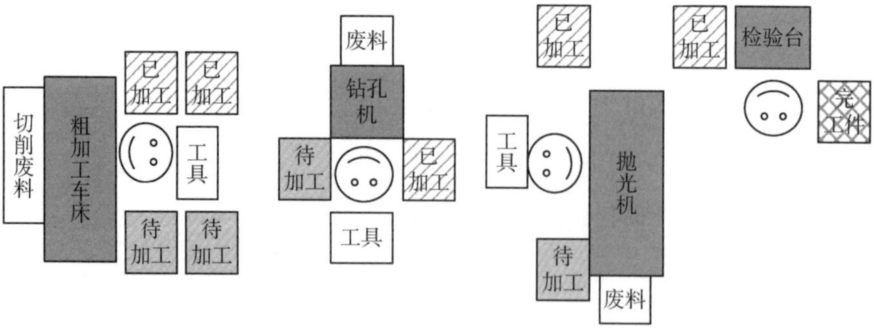

图 3-10 制造过程布局示意图

粗车工序零件毛坯库存储备为 350 件，以后三道工序库存储备以及零件成品库存储备均为 175 件。对于各工序间的库存停留时间的计算方式为：

粗车工序零件毛坯库存储备时间＝库存数量/顾客日需求量＝350/700＝0.5(天)

同理，算出其他各工序间库存储备时间均为 0.25 天。根据以上信息，绘制出当前的价值流程图(见图 3－11)。

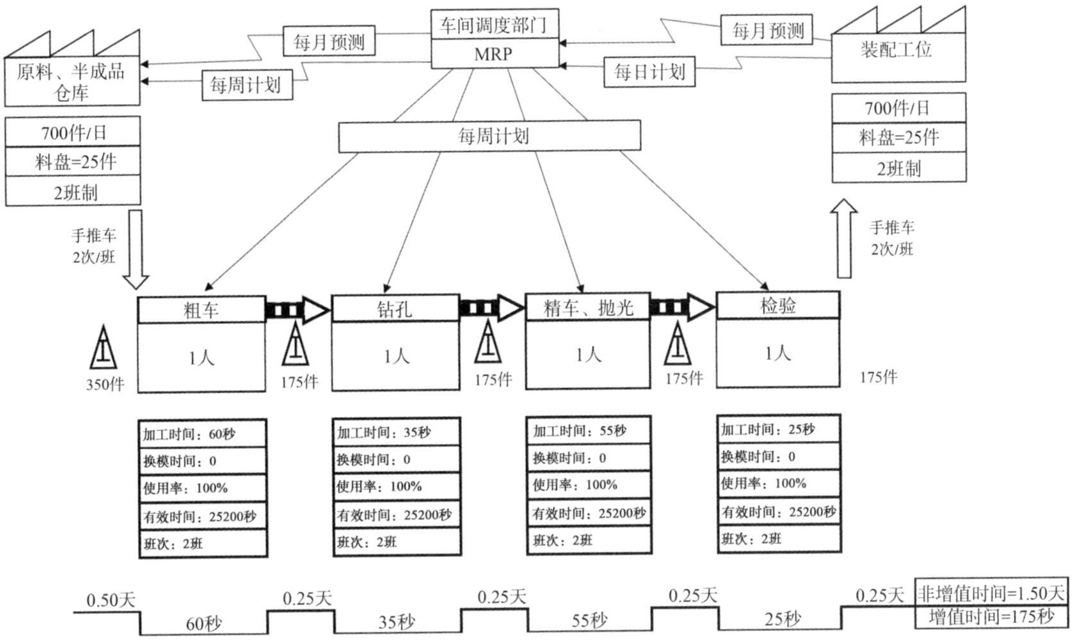

图 3－11　现状价值流程图

(1) 现状分析。根据案例信息，对现状进行分析。

① 节拍时间分析。根据需求量、每天有效时间得出该车间的节拍时间：

$$节拍时间 = 每天有效时间 / 每天需求量 = (25\,200 \times 2) \div 700 = 72(秒)$$

即每 72 秒就要产出一件成品零部件，而该车间最长的工序加工时间为 60 秒，因此车间存在生产过多、过早的情况，造成过量生产的浪费。

② 工序平衡率分析。根据该车间各工序加工时间、最长的工序加工时间计算生产平衡率：

$$生产平衡率 = [(60+35+55+25) \div (60 \times 4)] \times 100\% = 72.9\%$$

这说明各工序生产不平衡，易造成等待浪费。

③ 增值时间与非增值时间比值分析。各工序间的库存储备停留并未产生价值，属于非增值时间。该案例中的非增值时间为 1.5 天，结合有效时间、每天班次，将非增值时间换算为秒：

$$非增值时间 = 1.5 \times 25\,200 \times 2 = 75\,600(秒)$$

增值与非增值时间比值＝(增值时间÷非增值时间)×100%＝175÷75 600＝0.2%

这说明生产单位零件的生产过程时间过长，但真正有价值的时间占比较低，这会造成生产响应需求的能力降低。

此外，各工序间在制品库存最小库存储备天数为0.25天，很明显在制品库存水平过高，会造成在制品库存的浪费。而各工序作业统一由车间调度部门调度，各工序间实行推动式生产，不利于及时响应需求的变化和减少在制品库存。

(2) 现状问题改善。根据以上的价值流程分析，发现该车间的生产过程存在很多浪费，不利于企业竞争。因此，该车间根据价值流程分析，制订了改善措施。

① 目前生产中钻孔和检验工序生产能力得不到发挥，存在很大浪费。因此，可以考虑减少一个作业者。因钻孔和检验总共用时60秒(35＋25＝60)，可以考虑将这两道工序合并。

② 为便于工序合并操作，减少搬运，可将布局进行优化，把钻孔、精车抛光、检验三道工序设置为两个人的U形生产线。采用逐兔式完成这三道工序，因此每人花费115秒完成三道工序的生产，即花费115秒完成两个工件的加工，同时粗车工人花费120秒完成两个毛坯加工，因此相当于U形生产线中花费57.5秒完成一个零件的加工。采用该方式，生产平衡率为97.9%。

③ 可考虑采用流水线生产和拉式生产相结合的生产和管理方式。将粗车工序零件毛坯库存储备、粗车与U形生产线库存储备、零件成品库存储备采用物料拉动的方式控制库存量。这样不仅有利于减少在制品库存，缩短提前期，也有利于及时响应装配工位需求。此外，由于瓶颈工序粗车节拍为60秒，采取拉式生产有利于减少生产过多、过早的浪费。

根据改善措施，绘制未来价值流程图(见图3-12)。

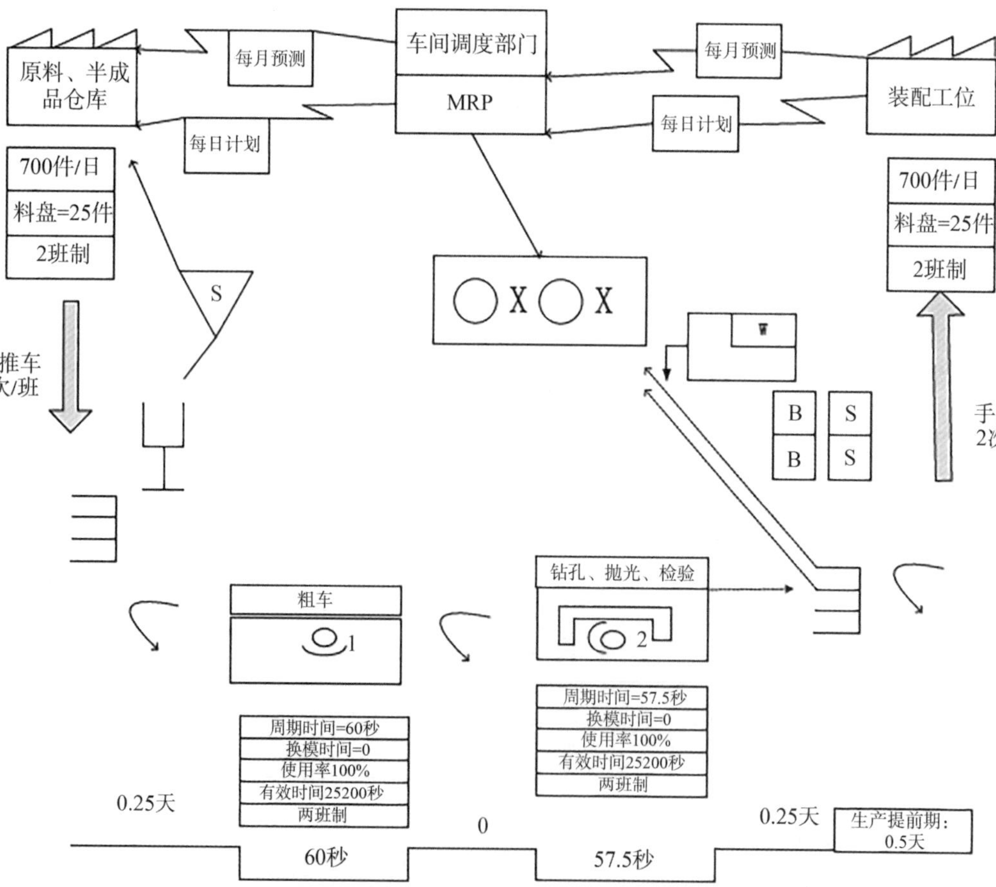

图3-12 未来价值流程图

依照新的方案安排生产，生产线平衡率大大提高，非增值时间可缩短到 0.5 天，比原来减少了 66.67%。同时可实现流水线下的拉式生产，在制品库存也可明显减少，对装配车间的需求响应将更加迅速准确。

五、升级训练

假设某零部件加工车间，所生产的零部件成品需要供应到总装车间某装配工位。总装车间下发每月总装生产计划给生产计划部，由生产计划部制订每周的生产作业计划给该车间，下达生产任务。原材料库根据生产计划部的每周生产计划为该车间准备材料，每天按班次为该车间运送物料。加工车间按班次将零部件成品运送至总装车间的装配工位。运输工具均为手推车。加工车间主要工序有粗打磨、精打磨、抛丸、钝化、机加，每道工序的工序周期时间(CT)见表 3-3。

表 3-3 各工序信息表

工序	粗打磨	精打磨	抛丸	钝化	机加
CT(秒)	80	40	30	40	80
工位数(个)	1	1	1	1	1

已知：

(1) 该加工车间执行 2 班制，每班有效时间均为 28 800 秒。

(2) 装配工位每天对该零件的需求为 800 件。

(3) 该车间粗打磨零件毛坯的库存储备为 400 件。其余工序间的库存储备均为 200 件。

请参考案例分析，根据以上信息完成任务。

(一) 任务名称

本任务的名称：某零部件加工车间价值流程分析。

(二) 任务要求

(1) 根据已知信息绘制该加工车间的价值流程图。

(2) 计算增值时间、非增值时间。

(3) 计算增值时间与非增值时间的比值。

(4) 根据你所计算出的增值时间与非增值时间的比值，思考价值流分析的意义。

(三) 任务工具

价值流程图的模板见图 3-13。

(四) 任务流程

(1) 识别出顾客，在表 3-4 绘图区右上角绘制顾客端，包括顾客名称、需求信息。

(2) 从右往左，在表 3-4 绘图区绘制基本的生产过程，填制数据栏的内容。

(3) 识别出供应商，在表 3-4 绘图区左上角绘制供应商端，包括供应商名称、送货信息。

(4) 用库存符号标出各工序的储备量。

(5) 用相应的箭头将各部分连接。

(6) 绘制时间线。在时间线的“凸”顶部填写库存储备天数(各工序间的库存储备天

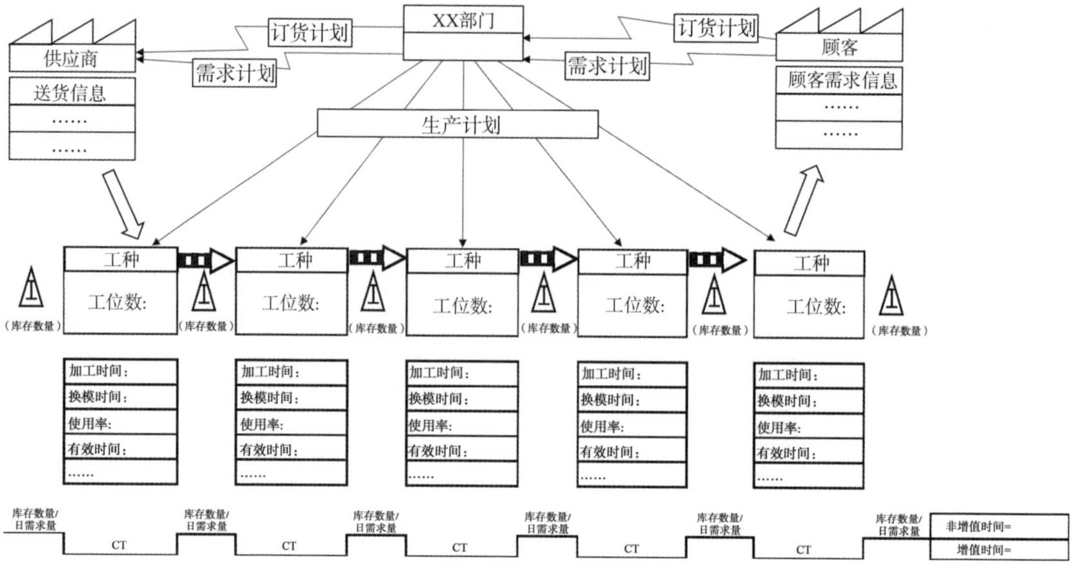

图 3-13　价值流程图模板

数＝各工序的储备量÷顾客日需求量)；在时间线的“凹”底部填写各工序周期时间(CT)。

(7) 识别增值活动，计算增值时间(增值时间＝各 CT 之和)。

(8) 识别非增值活动，计算非增值时间(非增值时间＝各工序间的库存储备时间天数之和×每班有效时间×班次)。

(9) 计算增值时间与非增值时间的比值[增值时间与非增值时间的比值＝(增值时间÷非增值时间)×100%]。

(10) 结合所学知识以及计算结果，简述价值流分析的意义。

(五) 任务成果

任务成果为某零部件加工车间价值分析表，样式见表 3-4。

表 3-4　某零部件加工车间价值分析表

小组名称： 小组成员：	
价值流程图 (绘图区)	

（续表）

数据分析	增值时间＝________ 非增值时间＝________ 增值时间与非增值时间比值＝________
价值流分析意义	

六、任务评价

评价项目	评价标准	评价依据	总分（分）	评价方式			评分（分）
				自评	小组评价	教师评价	
				20%	30%	50%	
职业素养	1. 遵守课堂纪律 2. 学习积极主动 3. 具有团队合作精神 4. 具有价值管理意识	1. 考勤 2. 学习态度 3. 课堂回答问题与互动情况 4. 任务完成的质量情况	30				
专业能力	能够识别增值与非增值活动，并提出合理的改善建议	医院就诊流程价值分析表	20				
	1. 能够正确绘制价值流程图 2. 能够计算增值时间与非增值时间比值	某零部件加工车间价值分析	40				
	能够根据所学知识、任务完成情况总结价值分析的意义	某零部件加工车间价值分析	10				
总计			100				

七、自测习题

1. 不定项选择题

（1）精益生产认为，产品价值只能由（　　）来确定。

A. 生产企业　　B. 零售企业　　C. 客户　　D. 市场

(2) 价值流的最终目的是(　　)。

A. 做好现场整理工作　　B. 匹配客户需求

C. 提高生产效率　　D. 消除浪费

(3) 在制造过程中,质量检验环节属于(　　)。

A. 增值活动　　B. 不必要非增值活动

C. 必要非增值活动　　D. 以上都不是

(4) 站在客户的立场,以下不属于增值活动的是(　　)。

A. 生产线上的组装过程　　B. 设备维修

C. 产品压装成型　　D. 机械加工过程

(5) 站在客户的立场,以下属于增值活动的是(　　)。

A. 必要的走动　　B. 改变性能

C. 不良品返修　　D. 工序间的二次包装

2. 判断题

(1) 对价值流进行评估,首先需要从客户的需求开始。(　　)

(2) 非增值活动没有为顾客创造价值,所有的非增值均是不必要且可以完全取消的。(　　)

(3) 精益改善的关注点主要在增值活动部分。(　　)

(4) 非增值活动的改善空间较大。(　　)

(5) 价值流程图应从左上角的“供应商”端画起。(　　)

任务四

企业“减肥”的七种运动
——识别七大浪费

一、任务学习目标

（一）知识目标

（1）了解七大浪费的概念及含义。

（2）掌握判断七大浪费的方法。

（二）能力目标

（1）能够找出造成七大浪费的主要原因。

（2）能够应用五宫格完成七大浪费的分析。

（三）素质目标

（1）有良好的组织纪律性，具有团队合作精神。

（2）理解“消除浪费”理念，具有节约意识。

（四）任务导图

- 识别七大浪费
  - 任务内容
    - 生活情境：食堂的七大浪费分析
    - 任务成果：七人浪费分析五宫格
  - 任务知识点
    - 浪费的定义
    - 生产中的七大浪费
  - “精益态度”小贴士
    - 精益生产——勤俭节约的生产管理模式
    - 杜绝过量生产——勤俭节约生产管理模式之首
    - 生活中的七大浪费——勤俭节约生产管理模式之根
  - 升级训练
    - 生产情境：螺栓组装工位改善
    - 任务成果：七大浪费分析五宫格

二、任务情境

一到饭点，学校食堂都是一片繁忙的景象（食堂情境示意图见图 4－1），有排着长队等着打饭的人群，有拿着饭盒到处找位置的人群，有忙忙碌碌工作的食堂员工等。你有没有仔细观察过食堂排队现象、食堂的布局、食堂员工打饭的操作？对每天看到的这些习以为常的场景，你有什么发现吗？

其实食堂也存在着精益生产所说的七大浪费，那么这七大浪费是什么？你能识别出这些浪费吗？

图 4-1　食堂情境示意图

视频资料

试一试：打包盒饭操作与分工情境

请扫描二维码，观看视频，思考该视频中的打包盒饭的分工和操作存在哪些类型的浪费？会出现什么问题？

三、任务内容

（一）任务名称

本任务的名称：食堂的七大浪费分析。

（二）任务要求

以学习小组为单位，根据所学的精益生产七大浪费的知识，以学校食堂为观察点，寻找精益生产的七大浪费并进行分析，提出改善建议。

（1）以 5～6 人组成一个小组。

（2）选取食堂的一个观察点，可以是学校食堂员工打饭、煮粉、回收餐具等。

（3）结合观察点，识别出至少 1 种浪费，正确判断浪费类型，拍照并记录问题，应用鱼骨图的方式分析造成问题的主要原因，并提出改善建议。

（4）整理以上内容，完成任务总结的七大浪费五宫格。

（5）（选做）如果提出的改善建议能够实施，可根据 PDCA 的要求制订具体的改善计划。

（三）任务工具

（1）鱼骨图（见图 4-2）。

（2）（选做）PDCA 计划表（见表 4-1）。

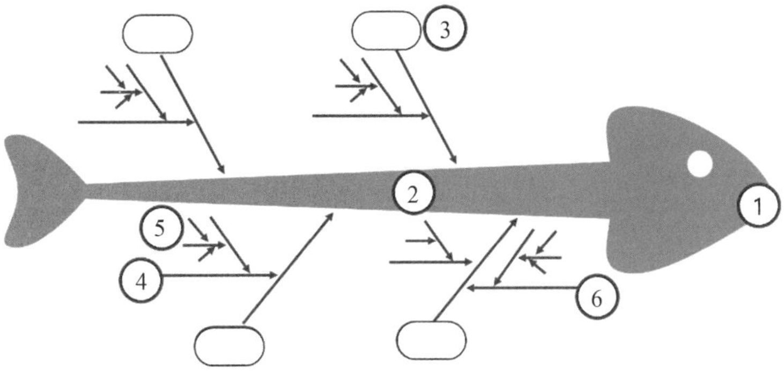

图 4－2 七大浪费分析五宫格示意图

表 4－1 PDCA 计划表样式

<table>
<tr><th rowspan="2">序号</th><th colspan="2">P:计划、目标</th><th rowspan="2">D:执行方案</th><th colspan="4">C:检查</th><th>A:行动或处理</th></tr>
<tr><th>项目</th><th>预计时间</th><th>完成"√"</th><th>完成时间</th><th>未完成
(原因)</th><th>计划完成
时间</th><th>怎样做得更好</th></tr>
<tr><td>1</td><td></td><td></td><td></td><td></td><td></td><td></td><td></td><td></td></tr>
<tr><td>2</td><td></td><td></td><td></td><td></td><td></td><td></td><td></td><td></td></tr>
<tr><td>3</td><td></td><td></td><td></td><td></td><td></td><td></td><td></td><td></td></tr>
<tr><td>4</td><td></td><td></td><td></td><td></td><td></td><td></td><td></td><td></td></tr>
<tr><td>5</td><td></td><td></td><td></td><td></td><td></td><td></td><td></td><td></td></tr>
<tr><td>6</td><td></td><td></td><td></td><td></td><td></td><td></td><td></td><td></td></tr>
<tr><td>7</td><td></td><td></td><td></td><td></td><td></td><td></td><td></td><td></td></tr>
<tr><td>8</td><td></td><td></td><td></td><td></td><td></td><td></td><td></td><td></td></tr>
<tr><td>9</td><td></td><td></td><td></td><td></td><td></td><td></td><td></td><td></td></tr>
<tr><td>10</td><td></td><td></td><td></td><td></td><td></td><td></td><td></td><td></td></tr>
</table>

(四) 任务流程

(1) 填写"浪费类型":至少填写 1 种浪费,判断浪费类型,填写至五宫格的"浪费类型"一栏。

(2) 填写"浪费说明":根据所填的浪费类型进行说明,填写至五宫格的"浪费说明"一栏。

(3) 填写"浪费内容详情描述":拍照并记录现场存在的问题,填写至五宫格的"浪费内容详情描述"一栏。

(4) 填写"原因分析":结合所学内容,分析造成该问题的主要原因,应用鱼骨图进行分析并整理,填写至五宫格的"原因分析"一栏。

(5) 填写"改善建议":根据现场问题、原因分析,提出低成本、易实施的改善建议,填写至五宫格的"改善建议"一栏。

(五) 任务成果

任务成果为七大浪费分析五宫格(见图 4－3)。

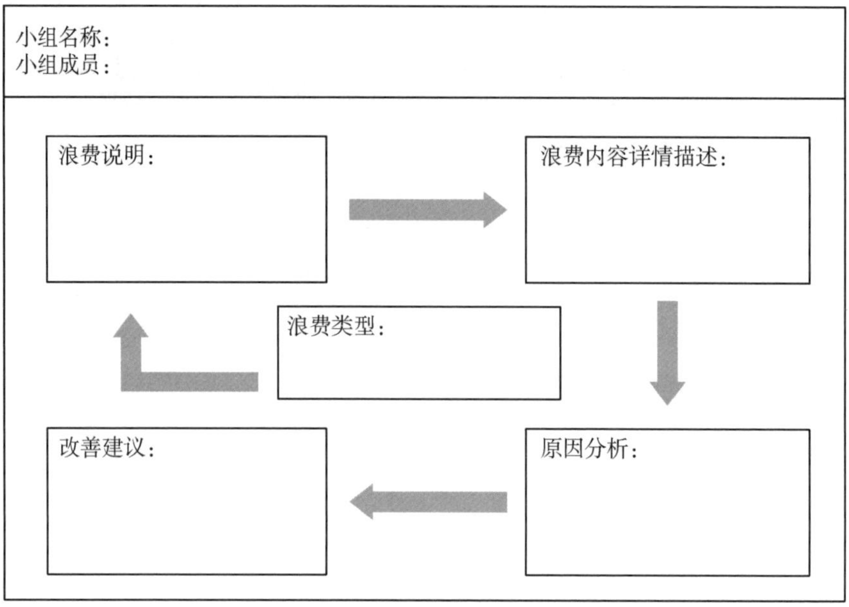

图 4－3 七大浪费分析五宫格示意图

四、任务知识点

视频资料

认识七大浪费

请扫描二维码,观看视频,初步了解七大浪费的相关知识。

(一) 浪费的定义

价值和浪费是对应的,在对价值有明确认识的前提下,就要设法把客户不需要的浪费消除或减少到最少,以增加产品的利润空间。精益生产观念认为,所谓浪费是指超出增值产品价值所必需的物料、机器、人力资源、场地和时间等各种资源的部分。

从定义上来看,精益生产认为的浪费和日常生活中所说的铺张浪费是一回事吗?

我们以餐厅点餐为例,精益生产所指的浪费,并不是说点多了而吃不完的这种铺张浪费,而是关注在客户点餐后,上菜的时间过长、上的菜也不是客户所点的等这些方面的内容。因此,这里所说的浪费,是指在实现整个客户需求的过程中那些不必要的部分。

“精益态度”小贴士

精益生产——勤俭节约的生产管理模式

随着产业升级和经济转型，工业企业的发展由数量扩张的粗放式发展模式转变为以质取胜、从管理出效益的内涵式发展模式。精益生产方式是彻底地追求生产的合理性、高效性，能够灵活地生产适应各种需求的高质量产品的生产技术和管理技术，它的终极目标是从根源上消除浪费，实现“零浪费”。消除企业中的七大浪费，我们可以将其理解为企业的“减肥”行动。要实现“零浪费”的目标，现场改善的工具方法只是消除浪费的承载技术，更重要的是要在企业内部倡导节约文化，杜绝浪费，让节约成为企业的一种精神，让节约意识深入每个员工的心田。

（二）生产中的七大浪费

正确认识各种浪费是精益生产的重点内容。只有正确认识并找出浪费才能进行改善，下面将对精益生产的七大浪费进行详解。

1. 过量生产浪费

过量生产浪费是指生产量超过客户（后工序）的实际需求量或相对实际需求时间过早提前生产所造成的浪费。过量生产存在于整个供应链中，主要由各环节的各种主观判断产生。过量生产说明示意图见图 4－4。

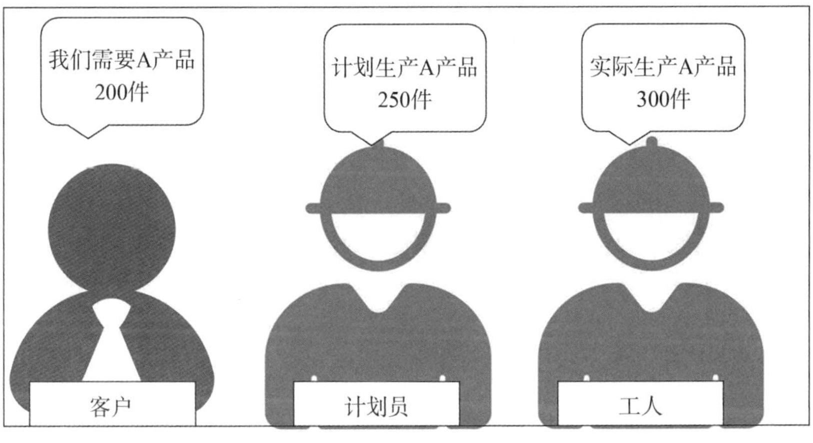

图 4－4　过量生产说明示意图

客户的需求量是在不断变化的，如果企业不能根据客户的需求变化及时响应，而是以过时的信息进行生产运作，就可能产生过量生产浪费。它是导致其他浪费现象的浪费之首，也是制造业中最常见的浪费。它主要是人的主观思想驱动造成的。过量生产与其他浪费之间的关系如图 4－5 所示。

在生产过程中，有些企业会生产超过需求的产品，来弥补有可能出现的因产品不合格造成的数量差缺，或由换产导致的停线损失。正是这样的思维，掩盖了诸多根本性问题，使质量的改善和快速换型得不到应有的重视，产品不断积压，在不知不觉中产生了过量生产浪

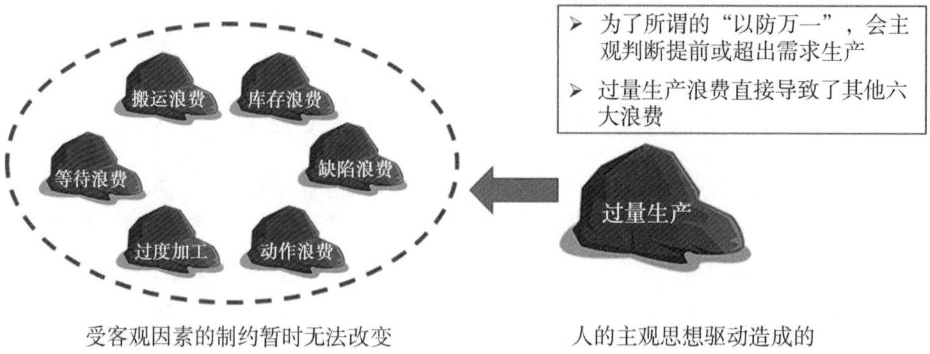

图 4-5　过量生产与其他浪费的关系示意图

费。过量生产带来的问题表现为:①提早耗用原材料;②浪费人力及设备;③增加利息负担;④额外增加多余存储空间;⑤增加搬运管理成本。

“精益态度”小贴士

杜绝过量生产——勤俭节约生产管理模式之首

过量生产这个“浪费之首”,不仅增加了企业的风险,造成企业生产资源的浪费,也不利于国家的经济发展。粗放型的生产管理模式已无法适应企业发展,企业需要具备节约意识,从主观意识上杜绝“浪费之首”。这种节约意识不仅是企业经营的需要,也是全社会的需要。

随着中国经济发展规模的扩大,资源利用的约束越来越强。以用电为例,2021 年 12 月 17 日,国家能源局发布的 1—11 月全国电力工业统计数据表明,截至 2021 年 11 月底,全国全社会用电量为 74 972 亿千瓦时。工厂用电量、居民用电需求不断攀升,2021 年全国多个地区出现了电力供应紧张的情况,因此也接二连三地发布了限电通知。2021 年全国限电的原因是国家能耗双控政策、煤价上涨、经济转型等。现在我们周围还有大量的高耗能低效率企业,在煤价高企的情况下,通过限电政策,限制这些高能耗低效率企业的用电量,优先保证高效率企业和居民的用电需求,倒逼高耗能低效率企业转型升级,推动行业结构调整。在电力紧张的形势下,粗放型企业管理模式已无法适应发展要求,需坚持节约优先的原则,转变生产管理模式,让生产精益化起来,树立节约意识,用更小的库存量高效运行生产、杜绝过量生产,降低生产能耗,助力实现“碳达峰、碳中和”。

2021 年的中央经济工作会议强调,“要坚持节约优先,实施全面节约战略”。这是党中央审时度势提出的战略考量,是高质量发展的应有之义。我国经济发展面临需求收缩、供给冲击、预期转弱三重压力。越是面临风险挑战,越要认识到实施全面节约战略的重要意义。节约是为了更好地发展,它不是一道简单的减法题,而是囊括了产业转型升级、资源降低消耗、生态环境增值、民生福祉优化的综合题。

科普小链接

什么是“碳达峰”和“碳中和”？

碳达峰是指在某一个时点，二氧化碳的排放不再增长，达到峰值，之后逐步回落。碳中和是指企业、团体或个人测算在一定时间内，直接或间接产生的温室气体排放总量，通过植树造林、节能减排等形式，抵消自身产生的二氧化碳排放，实现二氧化碳的“零排放”。

2021 年召开的中央财经委员会第九次会议强调，中国力争 2030 年前实现碳达峰，2060 年前实现碳中和。

2. 搬运浪费

搬运浪费是指不良移动，物品在没有增加性能或改变形状下的移动。物料移动不对产品转换起直接作用，但又属于生产过程中不可缺少的一部分，前期生产布局不合理容易导致后期的浪费。物料移动是工序间交流的有效方式，正确利用有助于促进物料合理流动，应用不当可能造成过量生产，增加不必要的搬运库存工作，造成耗费资源、耗费成本、物品损耗等危害。搬运浪费的定义及危害示意图见图 4－6。

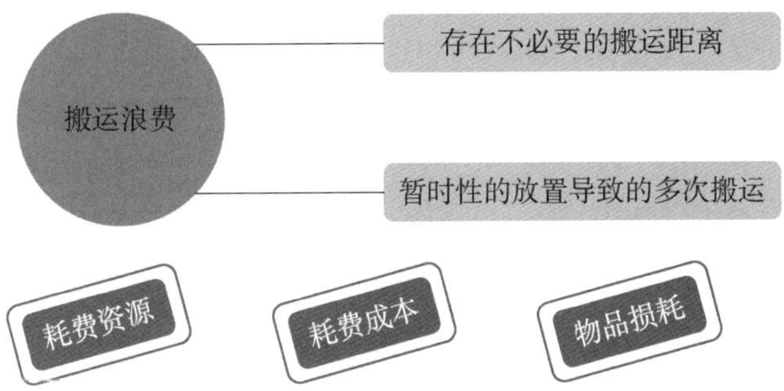

图 4－6 搬运浪费的定义及危害

造成搬运浪费的原因有：

(1) 布局不合理、地理位置的差异造成搬运浪费(见图 4－7)。

图 4－7 搬运浪费原因 1

(2) 批量生产思维造成搬运浪费(见图 4－8)。因批量生产思维，等产品生产完一定批

图 4-8 搬运浪费原因 2

量后需搬运至下道工序，如果上下两道工序是小批量、单件流设计，且两道工序间是相邻设计，就可避免搬运浪费的产生。

(3) 生产计划不合理、未均衡排程造成搬运浪费。我们用一个案例来进行说明。假设客户提出的需求是 A 产品 300 件和 B 产品 600 件，分别在上、中、下旬供应，生产计划部门觉得如果按照客户的需求，分批生产太麻烦了，为了便于生产的安排，上旬先全部生产 A 产品 300 件，中、下旬再生产 B 产品 600 件。这会造成什么状况？

客户是分批采购的，导致现场需清空 A 产品，搬到库房等待发货，才能切换到 B 产品的生产模式，这不仅导致了搬运的浪费，还造成了库存的浪费。

(4) 材料放置不当。

(5) 过多重复检验。

(6) 缺乏对资源的管理。

(7) 供应链管理混乱。

改善不合理搬运的浪费需要系统地分析来寻找解决的办法，通过建立小批量单件流的生产模式、优化布局、建立按顾客需求下达生产计划的观念、制订物料配送规范等方法来减少搬运的浪费。

3. 库存浪费

库存浪费是指过量库存占用库位、产生空间和保管成本以及长期积压产品损耗的浪费。在精益生产中，库存是指“被加工对象”停止流动的状态(见图 4-9)。在一个价值流中，任何环境使得被加工对象的流动停止，就会出现库存的浪费。

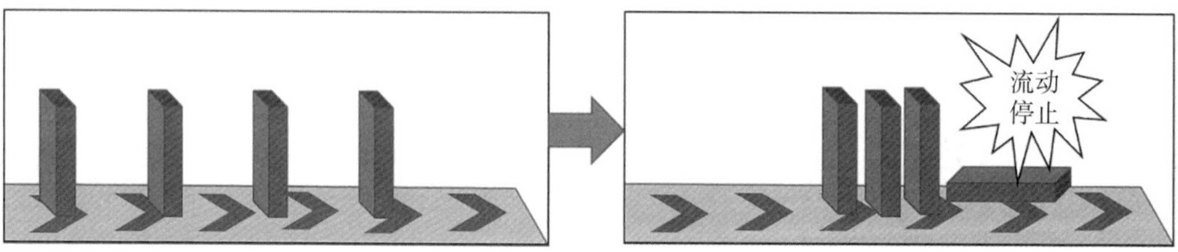

图 4-9 被加工对象停止流动示意图

库存带来的危害有：

(1) 占用空间，增加成本。

(2) 市场变化后，库存产品就可能无用了，增加企业风险。

(3) 最重要的危害是，库存使管理者可以“高枕无忧”，问题的严重性被大大地掩盖，错失改善机会(见图 4-10)。

精益思想认为库存是万恶之源，大量库存滋生了众多的问题，而问题却被库存掩盖了。人们并没有紧迫地去解决这些问题，企业因而陷入了经营效率低下、经营决策不畅的恶性循环中。精益化管理的运行模式由库存浪费触发，通过降低库存，促使企业及时采取解决问题的有效措施，使问题得到根本解决，不再重复出现。

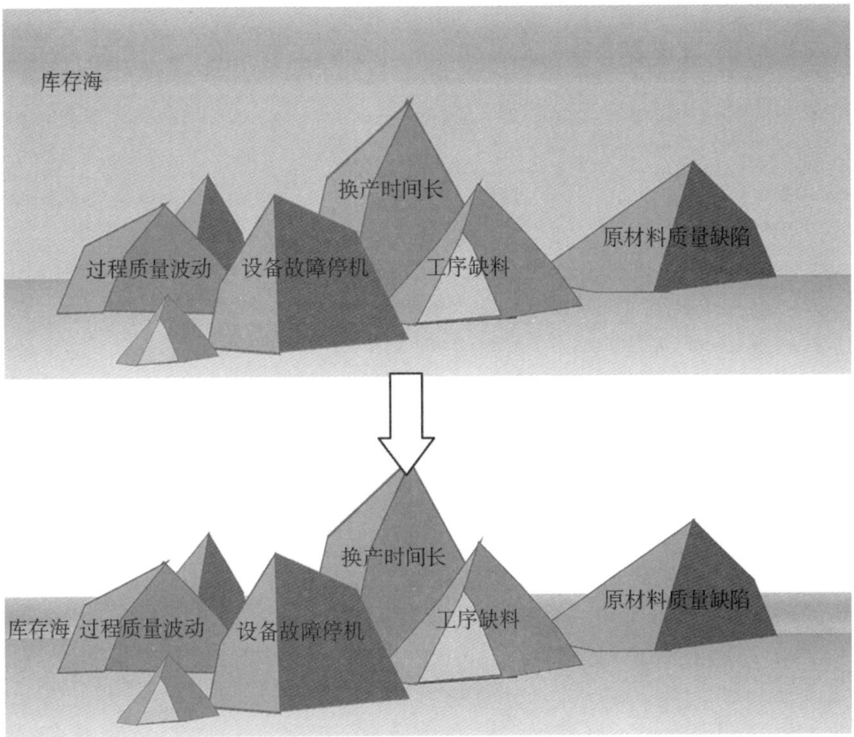

图 4－10　库存浪费危害示意图

4. 动作浪费

动作浪费是指生产过程中不产生任何价值的多余动作。在日常工作和生产中，都存在着动作浪费，再高效的动作都会有动作浪费。

在生产中最多见的动作浪费可以划分为：两手空闲、单手空闲、作业中途停顿、动作太大、左右手交换、步行过多、转身动作、移动中变方向、不明作业技巧、伸背动作、弯腰动作、重复动作等。动作浪费会带来效率的损失、员工劳动强度增大、职业病风险提升等问题，所造成的危害见图 4－11。

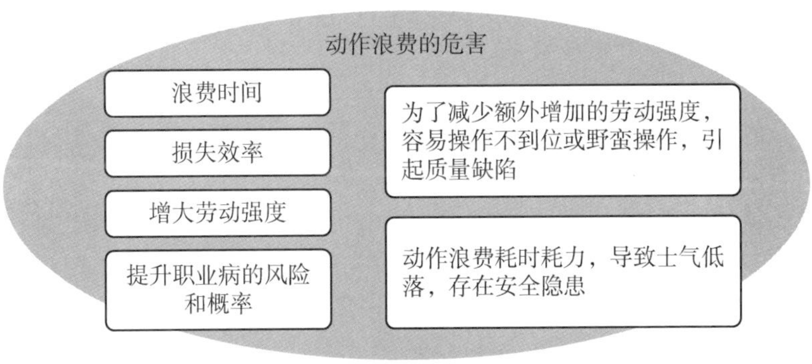

图 4－11　动作浪费的危害

案例：在某个工序中，需要用游标卡尺多次测量来确定零件安装的位置，可以设计一个辅助定位装置来消除多次测量的动作浪费，案例示意图见图 4-12。

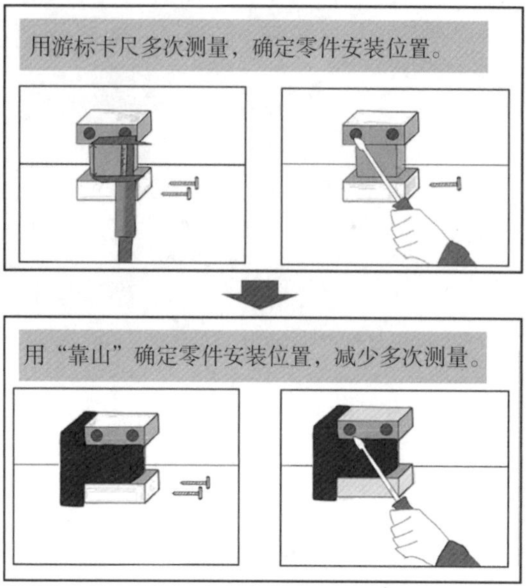

图 4-12　动作浪费改善案例

在企业的制造过程中，要达到同样的作业目的，会有不同的动作，哪些动作是不必要的呢？在工业工程管理理论中，专门有一种“动作研究”，在此不做详细说明，大家可以自行扩展学习。我们针对常见的造成动作浪费的原因，提出改善的对策，即遵循“三不”原则来思考：不摇头、不转身、不弯腰（见图 4-13）。

图 4-13　“三不”原则

5. 等待浪费

在有加工者停顿增值的现象发生时，就会产生“等待”。如设备故障或者分工不合理，都有可能让加工者停顿增值，即产生等待浪费（见图 4-14）。

它是指由等待原材料、生产线不平衡或作业计划出错等导致的某项作业过程中存在闲置时间，如工人等待机器完成自动加工，或等待下一个零件的到来。这类浪费常常不明显，因为工人往往按照操作规程完成自己的工作。

为了认识等待浪费，我们以医院看病为例（见图 4-15），假设将病人看作被加工对象，医生就是加工者。病人排队等待进行检查，他的等待不是这里所说的等待浪费，而是库存（被加工者停止流动)。医生等待病人所产生的浪费就是等待浪费。

图 4-14 等待浪费示意图

图 4-15 "医院看病"(举例分析)

造成等待浪费的原因通常有:生产线品种切换、计划安排不当导致忙闲不均、上游工序延误导致下游工序闲置、机器设备发生故障、人机操作安排不当等。

等待浪费在企业内部经常出现各种表现形式:例如,在某汽车制造公司,其总装生产线所需的旋转装置不能按要求及时入厂,有可能无法按期交货,而当旋转装置入厂后,又需要赶进度,可能出现加班、产品质量问题等一系列问题。还有一种就是"监控机器"的浪费,有些工厂买了一些速度快、价格高的自动化机器,为了使其能正常运转或由于其他原因,例如排除小故障、补充材料等,通常还会另外安排人员站在旁边监视。所以,虽然是自动设备,但仍需要人员站在旁边照顾,特称之为"闲视等待"的浪费。

6. 过度加工浪费

过度加工浪费是指超出客户对功能或质量需求的多余的加工,以及由流程设计的不足导致过多工序的加工。这是最难发现也是最难消除的浪费类型。

例如,拼命地整理自己身旁的零件,使之更加整齐,虽然干得大汗淋漓,但整理工作却不增加产品的附加价值,这种整理只是一些无用功。要解决这种浪费,应该在搬运时就把零件排放整齐,当然在搬运时也不应该花费时间去整理零件,要动脑筋想办法,实现在放零件这个动作发生的同时就要达到摆放整齐的目的。

案例：有一家工厂生产 LED 显示屏及机体，分别在不同的生产线上装配，然后再放到另外一条装配线上做总装。为了避免 LED 显示屏在送至总装线时表面被刮伤，每个显示屏都用塑料包扎。这个包扎的工序就是过多工序的加工。可通过优化布局，将 A 生产线布局到总装线旁，就可以去除包扎塑料这项过度加工的作业。LED 显示屏及机体装配改善示意图见图 4－16。

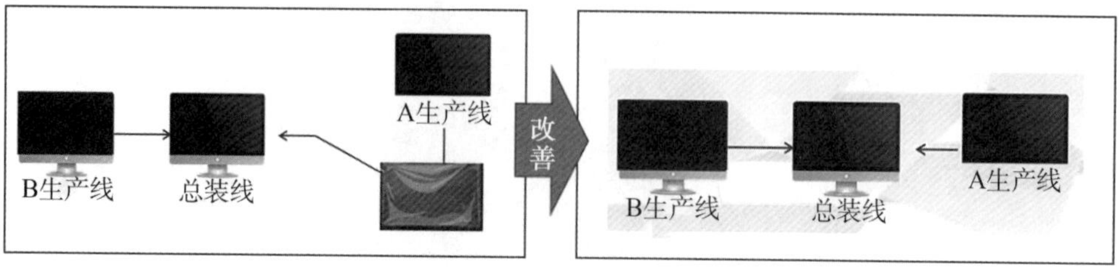

图 4－16 LED 显示屏及机体装配改善示意图

7. 缺陷浪费

缺陷浪费是指生产出有缺陷的产品或用错原材料造成的浪费，但并不是指产品缺陷本身，而是指由于处理缺陷或者为了防止缺陷往下流动而采取的任何流程环节的设计。常见的缺陷浪费有：返工、召回、报废、挑选。在处理不良品时，缺陷品投入的成本往往高于良品的投入成本。

导致缺陷浪费的主要原因有设计环节缺陷、来料不良、制造过程中产品出现不合格等，对应的改善建议见图 4－17。

缺陷浪费原因	改善建议
设计环节缺陷	➢ 设计人员参与和客户的前期沟通，准确把握需求 ➢ 提高产品之间的通用性应用比例 ➢ 加强量产前的评估及验证 ➢ 生产过程中的跟踪反馈和设计改进
来料不良	➢ 供应商支持和改善（生产过程、品管系统、包装、物流配送） ➢ 管理和控制上一道工序的来料品质
制造过程中产品出现不合格	➢ 在产品设计开发阶段进行工艺可行性评价并优化 ➢ 全面落实“质量三不原则” ➢ 实施产品目视化管理 ➢ 员工操作技能培训（特别是关键岗位） ➢ 设备、工具等日常点检维护 ➢ 工艺流程中的“防错”设计

图 4－17 缺陷浪费产生的原因及改善建议

“精益态度”小贴士

生活中的七大浪费——勤俭节约生产管理模式之根

其实，除了生产现场需要关注七大浪费，工作与生活中也要以精益的视角来发现七大浪费。如工作中的会议组织，组织方式不恰当(过度加工)，或无效的沟通(动作浪费)，造成会议效率不高、会议经费高等问题，可以通过节约会议成本、会议经费，节约会议时间，变换会议方式等提高会议效率，有效地支配时间，用正确的方法正确地做事，提高工作质量。如在促销时，为了凑单或是图便宜买了很多暂时不需要的物品(过量生产)，最后发现到过期了也没有用完，只能扔掉(库存)，这不仅带来资金的浪费，也造成了资源的浪费。在生活上，我们要以消除浪费的理念，倡导简约适度、绿色低碳的生活方式。

通过精益视角，促进个人、企业、社会消除浪费，从点滴做起，树立节约意识，能够在今后的工作、生产管理活动中自觉杜绝浪费，从而节约企业生产资源，为建设节约型社会做出积极贡献。

拓展学习

一些消除浪费的办法

(1) 动作经济原则。“动作经济原则”又称“省工原则”，是使作业(动作的组成)能以最少的“工”的投入，产生最有效率的结果，达成作业目的的原则。动作经济原则为吉尔布雷斯夫妇所创，经很多科学家完善，后由巴恩斯将其总结为三大类，共二十二条(见图 4－18)。它适用于人的全部作业，是动作改善的基本原则。

肢体使用原则	作业配置与环境原则	工具及机械设计原则
① 双手同时开始、结束动作	① 用夹具固定产品及工具	① 材料、工装定点、定容、定量
② 双手动作对称反向	② 使用专用工具	② 材料、工装预置在小臂范围内
③ 以最低等级的动作进行作业	③ 将两种工装合并为一个	③ 材料、工装取放简单化
④ 动作姿势稳定	④ 使工装便利化，减少疲劳	④ 物品水平移动
⑤ 连续圆滑的曲线动作	⑤ 机械操作动作相对稳定	⑤ 利用物品自重进行工序间的传递
⑥ 利用物体惯性	⑥ 操作程序流程化、标准化	⑥ 作业高度适宜，便于操作
⑦ 减少动作注意力	⑦ 控制程序与作业程序配合	⑦ 照明适合作业
⑧ 动作有节奏		

图 4－18　动作经济原则

(2) ECRS 原则。进行浪费消除时一般遵循对目的进行取消，对地点、时间、人员进行合并或重排，对方法进行简化的原则。具体的内容如表 4－2 所示。

表 4-2 ECRS 原则

原则	目　标	实　例
取消 (Eliminate)	是否可以不做 如果不做将会怎么样	省略不必要的检查 通过变化布局省略搬运
合并 (Combine)	2 个及以上的工序内容是否可以合并起来	同时进行 2 个及以上的加工作业 同时进行加工和检查作业
重排 (Rearrange)	是否可以调换顺序	更换加工顺序,提高作业效率
简化 (Simple)	是否可以更简单	进行流程优化 实现机械化或自动化

"1+X"小课堂

1. 鱼骨图

鱼骨图是一种发现问题"根本原因"的方法,它也被称为"因果图"(见图 4-19)。其特点是简洁实用,深入直观。它看上去有些像鱼骨,问题或缺陷(即后果)标在鱼头处。在鱼骨上画出鱼刺,在上面按出现机会多寡列出产生问题的可能原因,有助于说明各个原因是如何影响后果的。现场作业一般从"人、机、料、法、环"着手,分析生产制造现场问题产生的主要原因,并制订相应的对策。

鱼骨图绘图过程:

① 填写鱼头,画出主骨;

② 画出大骨,填写大要因;

③ 画出中骨、小骨,填写中小要因;

④ 用特殊符号标识重要因素。

绘图时,应保证大骨与主骨成 60 度夹角,中骨与主骨平行。

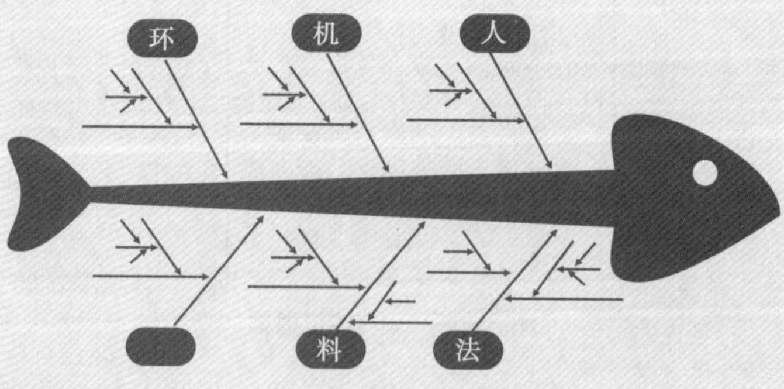

图 4-19 鱼骨图示意图

2. PDCA 循环

PDCA 循环是美国质量管理专家沃尔特·安德鲁·休哈特(Walter Andrew Shewhart)

首先提出的，由戴明(Deming)采纳、宣传，获得普及，所以又称戴明环。PDCA循环的含义是将质量管理分为四个阶段，即计划(plan)、执行(do)、检查(check)和处理(act)。PDCA的运行过程见图4-20。这一工作方法是质量管理的基本方法，也是企业管理各项工作的一般规律。

Plan：制定目标与计划；

Do：展开任务，组织实施；

Check：对过程中的关键点和最终结果进行检查；

Act：纠正偏差，对成果进行标准化，并确定新的目标，制订下一轮计划。

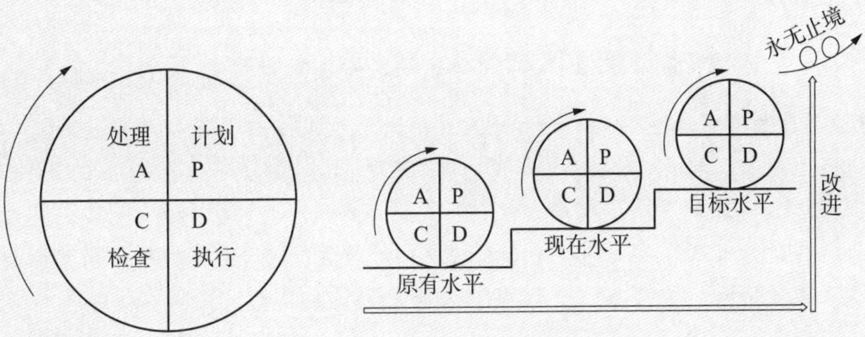

图4-20　PDCA运行示意图

以上四个过程不是运行一次就结束，而是周而复始地进行，一个循环完了，解决一些问题，未解决的问题进入下一个循环，是阶梯式上升的。

精益生产改善活动的PDCA循环就是打破现状，持续改善，不断制定目标，不断达到目标，如果成果与目标有偏差，就要检讨问题所在，继续进行改善。不管是改善后的维持活动还是单纯的改善活动，都离不开PDCA管理循环，这样才能不断提升。PDCA循环是发现、解决各种管理困难的方法，它可被应用于所有领域，大至企业的策略管理、环保污染管理，小到部门的项目管理、教育训练、自我管理等。PDCA循环工作方法无论是在解决生产质量问题上，还是在解决企业管理问题以及完善人生目标方面，都是一个有益的工作方法。

案例分享

案例1：某摩托车装配工艺的改善案例

该案例背景为某摩托车的总装配线，对离合器上安装线夹与螺钉的操作步骤的优化改善。

改善前：在某摩托车总装线上，线装时工人需在离合器处绑一条扎带，而在包装装配时该扎带需剪掉，改装线夹及螺钉，这会造成材料的浪费。改善前与改善后对比如图4-21所示。

改善后：经过装配工艺的调整，把包装装配时用的线夹调到线装组装配，不再需要装配扎带。通过装配顺序的调整，减少了装配扎带的步骤，节约了扎带材料成本，提高了生产效率。每一台车可以节约一条扎带，一条扎带为0.1元，该企业摩托车年产量约30000台，即一年可节约成本3000(0.1×30000=3000)元。

改善前

改善后

图 4-21 案例 1 改善前与改善后的对比

案例 2:某汽车配件生产某工作台的改善案例

该案例背景为某汽车配件生产流水线,针对比总长工位的工作台调整改善。

改善前:比总长工位架与流水线垂直,员工在操作时,需要将流水线上的工件拿取到工位架上进行操作,完成后又需要将其放回流水线上,员工需要频繁转身,劳动强度大。

改善后:将比总长工位架改小,并与流水线平行放置,员工操作起来不需要转身,劳动强度减小了,工作效率也得到了提高。改善前改善后对比如图 4-22 所示。

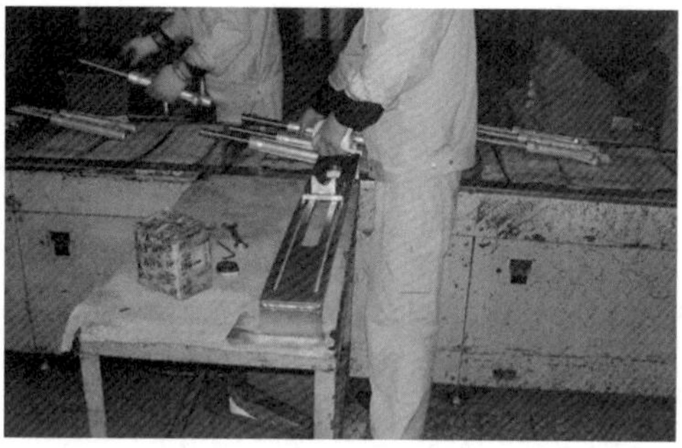
改善前

改善后

图 4-22 案例 2 改善前改善后对比

想一想:两个案例中分别属于七大浪费中哪种类型的浪费?在你生活中发现有类似的现象吗?你有哪些解决办法?

五、升级训练

生产情境:某企业生产现场螺栓组装工位上,操作工需要将螺栓分别装入三个垫片、盖上螺帽,操作现状是操作工左手拿起并持住螺栓,右手依次拿起三个型号垫片套入螺栓,再拿起螺帽盖紧,完成后放入左手边的成品盒里,现状布局如图 4-23 所示。请根据所学知识完成改善任务。

(一) 任务名称

本任务的名称:螺栓组装工位改善。

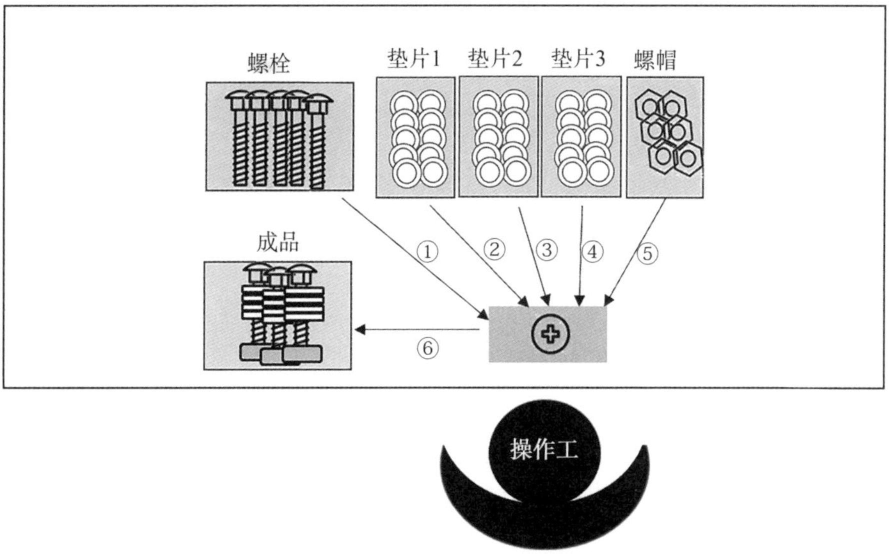

图 4－23　螺栓组装工位示意图

（二）任务要求

以学习小组为单位，根据所学的精益生产七大浪费的知识，以螺栓组装工位为观察点，寻找存在的浪费，并进行分析，提出改善建议。

（1）以 5～6 人组成一个小组。

（2）结合图中的螺栓组装工位布局、操作过程进行分析。

（3）可以从布局、操作、工装设备等方面分析存在的问题。

（4）提出的改善建议或措施应符合低成本、易实施的要求。

（5）整理以上内容，完成七大浪费五宫格。

（三）任务工具

任务工具为鱼骨图（见图 4－24）。

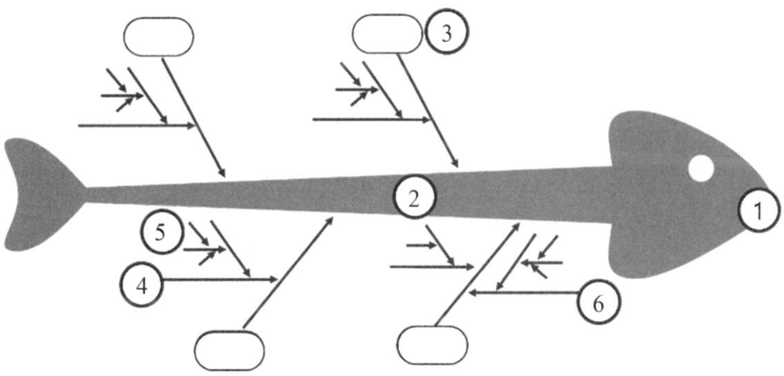

图 4－24　鱼骨图

（四）任务流程

（1）填写“浪费类型”：判断该工位存在的浪费类型，填写至五宫格的“浪费类型”一栏。

（2）填写“浪费说明”：根据所填的浪费类型进行说明，填写至五宫格的“浪费说明”一栏。

(3) 填写“浪费内容详情描述”:分析该工位存在的问题,填写至五宫格的“浪费内容详情描述”一栏。

(4) 填写“原因分析”:结合所学内容,应用鱼骨图的方式分析造成问题的主要原因,填写至五宫格的“原因分析”一栏。

(5) 填写“改善建议”:根据现场问题、原因分析,提出低成本、易实施的改善建议,填写至五宫格的“改善建议”一栏。如有对布局优化的建议,可另附布局图说明。

(五) 任务成果

任务成果为七大浪费分析五宫格(见图 4-25)、改善后布局图(选做)(见图 4-26)。

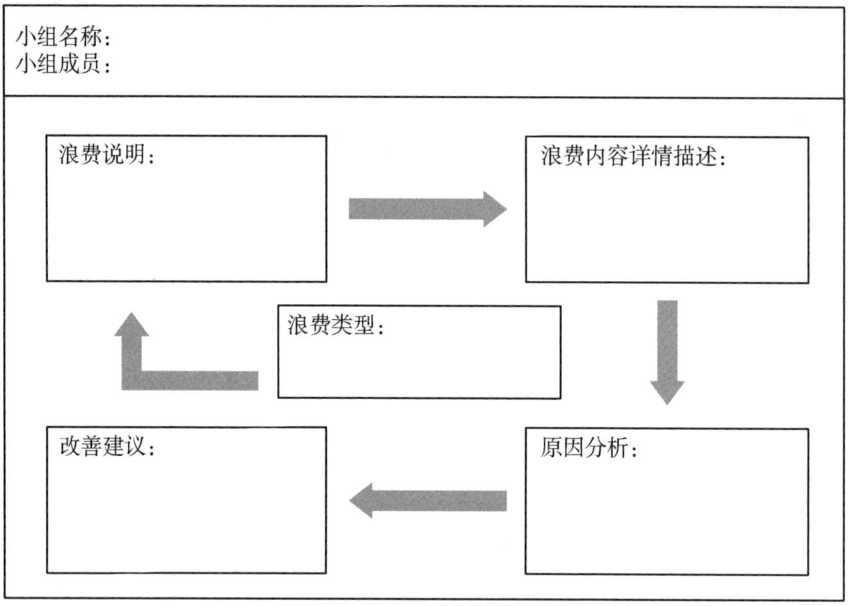

图 4-25　七大浪费分析五宫格示意图

改善后布局图
班级: 小组名称:

图 4-26　改善后布局图

六、任务评价

<table>
<tr><td colspan="10">班级： 小组名称：</td></tr>
<tr><td rowspan="3">评价项目</td><td rowspan="3">评价标准</td><td rowspan="3">评价依据</td><td rowspan="3">总分（分）</td><td colspan="3">评价方式</td><td rowspan="3">评分（分）</td></tr>
<tr><td>自评</td><td>小组评价</td><td>教师评价</td></tr>
<tr><td>20%</td><td>30%</td><td>50%</td></tr>
<tr><td>职业素养</td><td>1. 遵守课堂纪律
2. 学习积极主动
3. 具有团队合作精神
4. 具有节约意识</td><td>1. 考勤
2. 学习态度
3. 课堂互动
4. 情境解析情况</td><td>30</td><td></td><td></td><td></td><td></td></tr>
<tr><td>专业能力</td><td>1. 能够正确判断观察点浪费的类型
2. 能够进行浪费说明
3. 能够结合情境描述浪费内容
4. 能结合人、机、料、法、环等要素分析原因
5. 能给出低成本、易实施的合理改善建议</td><td>完成五宫格任务情况</td><td>70</td><td></td><td></td><td></td><td></td></tr>
<tr><td colspan="3">总 计</td><td>100</td><td colspan="3"></td><td></td></tr>
</table>

七、自测习题

1. 不定项选择题

（1）中央经济工作会议强调，“要坚持（ ）优先，实施全面（ ）战略”。这是党中央审时度势提出的战略考量，是高质量发展的应有之义。

A. 效率，效率 B. 节约，节约 C. 产量，产量 D. 经济，经济

（2）2020 年 9 月 22 日，国家主席习近平在第七十五届联合国大会上宣布，中国力争（ ）前二氧化碳排放达到峰值，努力争取（ ）前实现碳中和目标。

A. 2028 年，2030 年 B. 2030 年，2060 年

C. 2030 年，2040 年 D. 2028 年，2040 年

（3）对零件加工超出了客户需求的部分属于（ ）。

A. 库存浪费 B. 等待浪费 C. 过度加工 D. 过量生产

（4）在精益生产中，以下属于库存的有（ ）。

A. 在材料库里的原材料

B. 在工序间停留的在制品

C. 因设备故障而停线，故停留在生产线上的待加工产品

D. 在备件库里的设备备件

(5) 以下属于缺陷浪费的是(　　)。

A. 返工　　B. 召回　　C. 挑选　　D. 报废

(6) 属于动作浪费的有(　　)。

A. 寻找工具　　B. 寻找材料　　C. 寻找货物　　D. 无效的沟通

2. 判断题

(1) 既然搬运属于一种浪费,那么工厂可以完全取消搬运。(　　)

(2) 提前生产、超额完成生产任务是劳动效率高的表现,属于有效劳动。(　　)

(3) 缺陷浪费是指产品缺陷本身。(　　)

(4) 返工属于缺陷浪费。(　　)

任务五

“时间”傻傻分不清
——认识制造中的三个时间

一、任务学习目标

（一）知识目标

（1）理解制造中的三个时间的含义。

（2）认识制造中的节拍管理的重要意义。

（二）能力目标

（1）能够正确计算具体情境中的三个时间。

（2）能够分析具体情境的生产能力是否满足需求。

（三）素质目标

（1）有良好的组织纪律性，具有团队合作精神。

（2）培养“降本增效”意识。

（四）任务导图

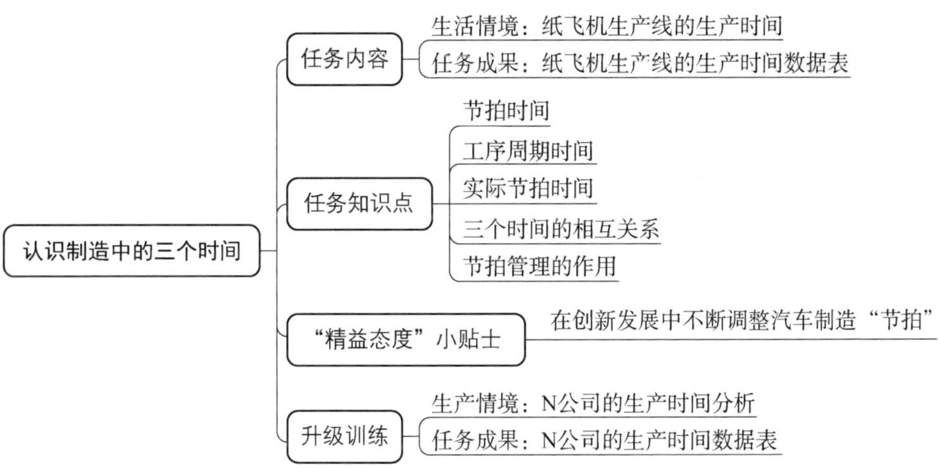

二、任务情境

生活情境：折纸飞机是较容易掌握的一种折纸手工娱乐项目。假设现在我们以某种特定的纸飞机作为生产成品，分为四道工序分工组成生产线，要求在 4 分钟之内完成 20 架该纸飞机的生产任务。请认真学习节拍时间（TT）、工序周期时间（CT）、实际节拍时间（ATT），并根据任务实际完成情况测算纸飞机生产线的三个时间，分析是否能完成订单。

三、任务内容

（一）任务名称

本任务的名称：纸飞机生产线的生产时间。

（二）任务要求

由 6 人组成一个小组，组织生产指定的纸飞机，按要求完成 20 架纸飞机的生产任务，填写纸飞机生产线的生产时间数据表。

（1）4 名成员担任操作员组成一条生产线，分别负责折纸飞机的四个步骤，每道工序按指定步骤完成制作。

工序 1：将纸对折（见图 5－1）。

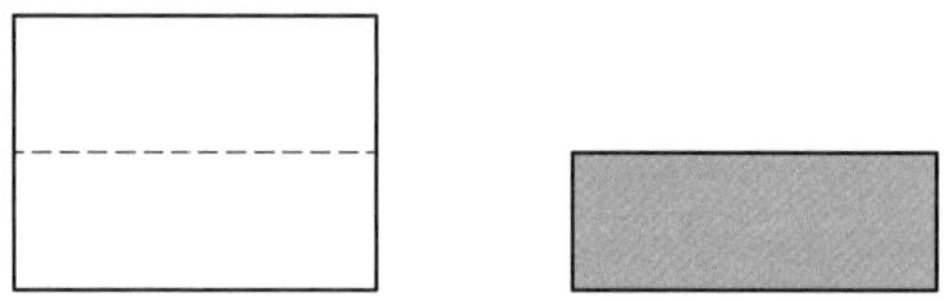

图 5－1　对折

工序 2：将每边的角折下来（见图 5－2）。

图 5－2　折角

工序 3：将每面的机翼第二次折叠，并在一侧画上一个星星标记（见图 5－3）。

图 5－3　二次折叠并做标记

工序 4：将每面的机翼第三次折叠，完成后将纸飞机放在堆放产成品库存的地方（见图 5－4）。

图 5－4　三次折叠

（2）2 名成员担任计时员：LT 计时员、CT 计时员。其中，LT 计时员测算第 10 架纸飞机从进入第一道工序到离开第四道工序的时间，包括中间的停留时间。CT 计时员测算制作第 10 架纸飞机每道工序所需的加工时间。

(3) 按要求填写纸飞机生产线的生产时间数据表。

(三) 任务工具

(1) 每组准备长方形折纸共 20 张。

(2) 每组准备 5 部用于计时的手机。

(四) 任务流程

(1) 假设生产计划是 4 分钟完成 20 架纸飞机,计算节拍时间 TT,并将其填入数据表的“TT”一栏。

(2) 安排 4 名操作员分别负责折纸飞机的四步操作,根据自己的节奏完成操作即可。需要注意的是,每道工序完成时,需将半成品放在两道工序间。

(3) 安排 2 名成员担任 CT 计时员、LT 计时员。

(4) 当第 10 架纸飞机开始进入第一道工序时,LT 计时员开始计时,直到第 10 架纸飞机离开第四道工序,结束计时,将时间填入数据表的“LT”一栏。

(5) 当第 10 架纸飞机开始进入第一道工序时,CT 计时员开始计时,测算每道工序从拿起纸飞机到完成该道工序的时间。四道工序时间测算完后,分别将 4 个时间填入数据表的“CT_1”“CT_2”“CT_3”“CT_4”。

(6) 在完成第 10 架纸飞机制作时,可暂停下来数一数有多少在制品,将结果填入数据表的“在制品数”一栏。

(7) 当生产任务结束后,选出四道工序中 CT 最长的,将其填入数据表的“ATT”一栏。

(8) 将四道工序 CT 数据相加,求 CT 之和。

(9) 将 LT 数据与 CT 之和的数据相减,填入数据表的“$LT-(CT_1+CT_2+CT_3+CT_4)$”一栏。

(10) 将 TT 与 ATT 相减,填入数据表的“TT - ATT”一栏。判断是否能完成生产任务,将“是”或“否”填入数据表的“是否能完成生产任务”一栏。

(五) 任务成果

任务成果为纸飞机生产线的生产时间数据表(见表 5 - 1)。

表 5 - 1 纸飞机生产线的生产时间数据表

小组名称: 小组成员:		
序号	项 目	数据结果
1	TT(单位:秒)	
2	CT_1(单位:秒)	
3	CT_2(单位:秒)	
4	CT_3(单位:秒)	
5	CT_4(单位:秒)	
6	LT(单位:秒)	

（续表）

序号	项　　目	数据结果
7	LT－(CT_1＋CT_2＋CT_3＋CT_4)(单位:秒)	
8	ATT(单位:秒)	
9	在制品数(单位:个)	
10	TT－ATT(单位:秒)	
11	是否能完成生产任务(选项:是/否)	

四、任务知识点

视频资料

认识制造中的三个时间

请扫描二维码，认真观看视频，初步了解 TT、ATT、CT 的概念及作用。

（一）节拍时间

节拍时间(tact time，简称 TT)是指为满足客户需要连续完成相同的两个产品(或两次服务、两批产品)之间的间隔时间。TT 决定了安排生产的节奏、满足需求的最低生产速度，只有达到该速度，才能完成客户的需求。节拍时间是工厂安排生产的“指挥棒”，是企业标准化的基础，是生产线标准人力配置、设备配置、物流组织配置的基准线，其直接影响企业的人、机、料等生产资源的投入。

它的计算方法是用每日净可用的生产时间除以每日生产需求量，按生产节拍生产意味着生产速度与销售速度保持一致。

$$TT=\frac{每日净可用的生产时间}{每日生产需求量}$$

例如，在本任务的微课中，精益厨房的每日生产需求计划量为 1 200 个便当，而每日净可用时间为 6 小时，则 TT 为：

$$TT=\frac{6\times 3\,600}{1\,200}=18(秒/个)$$

即：为完成每天 1 200 个便当的任务，该精益厨房需达到 18 秒生产一个便当的速度。

节拍时间是企业生产制造活动中一项重要的基础工作。其主要作用体现在如下几个方面：

(1) 节拍时间是正确设计和合理改善作业的依据。

(2) 可以通过节拍时间判断作业方法的优劣。

(3) 可以排查或减少非增值时间。

(4) 可以正确核算企业生产工作量,将其作为编制人员需求量、调整生产资源配置的依据。

精益生产遵循按客户的需求生产,因此,生产安排的节奏需与市场需求“步调一致”。精益生产中如何做好节拍管理?

首先,不能随便变更生产节拍。节拍时间的确定需要考虑标准作业的要求以及所需的人力工装设备等前提条件。由于这些前提条件的存在,节拍时间具有一定的稳定性和可预测性,不能轻易变更。在实际生产过程中很多企业因为赶工随便提高生产线速度,本来要求员工按照标准作业工作,都有固定的周期时间,而现在人为改变节拍,肯定会破坏标准化工作,导致品质、效率等存在问题,如某企业年底为了赶货,原生产线人为配置是 22 人,临时调整为 23 人,其中有道工序标准作业要求加工 3 分 20 秒,而企业私自缩减至 1 分 30 秒,这样看似加快了生产节拍,提高了交货达成率,而实际造成了很大的“后遗症”。该企业生产的产品中存在大量不良品,客诉不断,最终得不偿失。

其次,节拍不是一成不变的,它必须与市场步调保持一致,而市场是不断变化的。节拍管理分为生产节拍和市场节拍(客户需求节拍),当市场需求加大、市场节拍变小、生产节拍变小时,对应的生产节拍需提速,我们可以改进工艺提升速度,然后逐步提升至新的节拍,稳定后并将其标准化。当市场需求变小、生产节拍增大、生产节拍需减速时,可以减少生产线投入,或采取与其他机种并线等措施。从精益生产的角度来看,从一开始设计产线的时候就比较提倡柔性线、单元式生产线,可以通过调节人员数量或变更生产线数量的方式不断调节生产节拍,真正意义上做到按节拍生产,目前这种生产方式的应用在很多企业取得了成功,如以佳能为代表的电子行业等。

(二) 工序周期时间

工序周期时间(cycle time,简称 CT)表示生产线中的工序完成一个或一批产成品所需要的时间。生产线中的每道工序都有自己独立的 CT,CT 的长短取决于对应工序的生产能力,可以理解为工序的节拍时间。CT 包括了一件或一批产品进入该工序到离开该工序的所有增值时间、非增值时间、步行时间。CT 的组成部分见图 5-5。

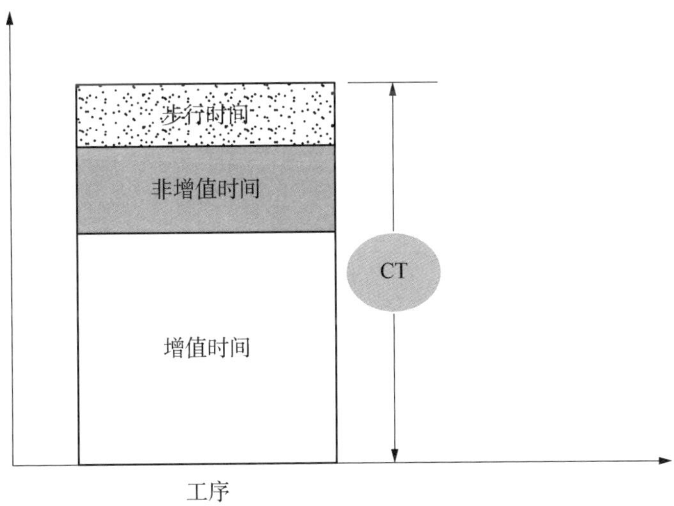

图 5-5 CT 示意图

例如，在本任务的微课中，制作便当是按照流水线的作业方式，分别由 4 个人完成 4 个步骤。这 4 个步骤分别为装米饭、装素菜、配肉菜、包装便当，我们可以将其理解为四道工序：第一道工序，将米饭装入空饭盒中，这一过程所用的时间是 13 秒，即第一道工序的工序周期时间为 13 秒；同理，第二道工序为装素菜，用时 9 秒，得出第二道工序的工序周期时间为 9 秒；第三道工序为根据订单配肉菜，所用时间为 15 秒，得出第三道工序的工序周期时间为 15 秒；第四道工序为包装便当，所花的时间为 13 秒，得出第四道工序的工序周期时间为 13 秒(见图 5-6)。这就是在流水线工作方式下，由四个人分别完成四道工序的工序周期时间。

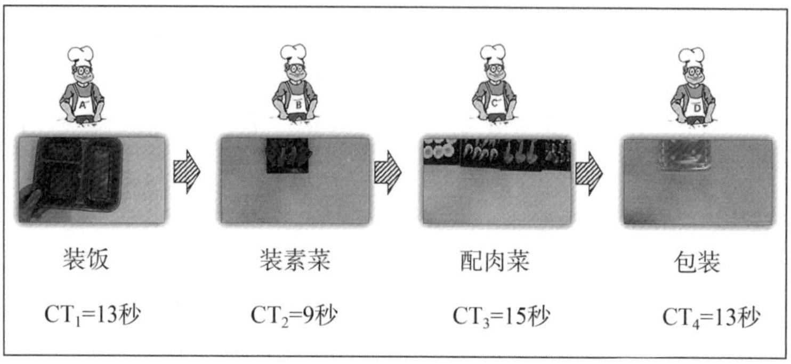

图 5-6　微课中四道工序的 CT

CT 不仅与该工序的加工时间有关，还需要考虑该工位每次的产出情况。微课里配肉菜的工序中，1 人完成 1 次配肉菜的加工时间是 15 秒，理想情况下，该工序的 CT 为 15 秒。如果在该工序上再配一名员工，两名员工独立完成同样的工作内容，即 15 秒内可产出 2 个制成品，此时该工序的 CT 变为 7.5 秒。

在生产管理过程中，CT 代表工序的生产能力。通过分析 CT，可以确定工序能力是否满足生产能力需求，是否需要进行设备、人员等资源的调整。

(三) 实际节拍时间

实际节拍时间(actual takt time，简称 ATT)是指生产线连续完成相同的两个或两批产品所消耗的实际时间间隔，代表生产线的实际流动速度。其计算公示为：

$$ATT = 运行效率 \times TT$$

其中，运行效率是由定期可预测的正常系统损失时间定义的，它受到设备停机、生产线停线、物料短缺、质量问题以及计划性的工具模具变化等因素的影响。运行效率越高，ATT 越接近 TT。ATT 是由瓶颈工序(最慢的工序)决定的，理想状态下，瓶颈工序的就是整条生产线的 ATT。ATT 是相对固定的，除非节拍时间或运行效率发生了变化，而使生产线速度发生了变化。在标准管理时，标准化作业以 ATT 为基础，ATT 的正式变更需通知工序上的每一个人，以调整标准化作业。虽然 ATT 不是生产线交付的节拍，但 ATT 说明了生产线的交付能力。因为 ATT 取决于瓶颈 CT，所以我们仍然可以通过相关的举措改变 ATT。

在本任务的微课案例中，生产成品便当的最快速度就是我们所要求的实际节拍时间，即连续两个成品便当产出的实际时间间隔。假设没有其他因素干扰，理想状态下，生产便当的四道工序中最长的工序周期时间就是实际节拍时间。案例中，产出成品便当的实际节拍时间为 15 秒，所以，完成两个便当的实际时间间隔为 15 秒，即 ATT 等于 15 秒。

（四）三个时间的相互关系

通过获得这三个制造时间，分析生产与需求之间的速度是否匹配，进行生产资源配置，保证生产线节奏稳定顺畅，这三个时间是进行生产活动分析与改善的关键数据。三个时间的关系为（见图 5－7）：TT 由需求量和生产时间决定，通过计算 TT，实现按生产节奏规律生产，为客户按时按需提供产品，并指导各工序能力的设计；CT 由工序加工能力决定，包括增值时间、非增值时间等，也可以将其理解为工序自己的节拍；ATT 由最长的工序周期时间决定，决定实际的生产速度，从而确定是否满足需求节拍，当 ATT 小于 TT 时，方能完成计划的生产任务；每个工序的 CT 均应小于 ATT，但力求接近 ATT，目的是使人力资源得到充分的利用。

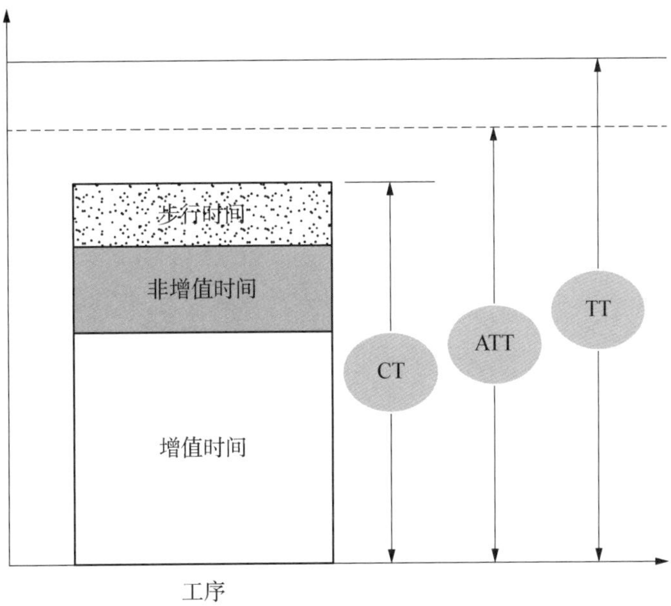

图 5－7 三个时间的相互关系

（五）节拍时间管理的作用

（1）TT 与 CT 比较：明确需要提升的环节。当 TT>CT，则表示生产能力过剩，会引起该工序设备闲置、库存上升、场地使用紧张等问题。当 TT<CT，则表示该工序生产能力不能满足生产需要，会出现加班、提前安排生产等问题。

生产管理改进的目的就是要尽可能地缩小 CT 与 TT 的差距，通过两者的对比分析安排各工序生产，保证均衡有序地生产。如果市场需求能够稳定在年产量为相对固定值，那么节拍就比较稳定，这种节拍就可以作为提高生产周期的一个标杆，进而组织改进相关资源。

（2）TT 与 ATT 比较：明确需要提升的环节。通过对比分析，提升运行效率，使 ATT 接近 TT。

（3）有效防止生产过剩，造成过量生产的浪费。

想一想：在微课的情境中 ATT 小于 TT，这说明可以完成订单。但出现 ATT 大于 TT，致使无法完成客户订单时，我们应该怎么办呢？

"精益态度"小贴士

在创新发展中不断调整汽车制造节拍

1913 年 12 月 1 日，亨利·福特(Henry Ford)安装了第一条移动装配线，用于批量生产整车，他的创新将制造汽车所需的时间从 12 个多小时缩短到 1 小时 33 分钟。福特的汽车生产流水线的应用大大提高了生产效率，满足汽车单一品种、大规模生产需求，顺应当时汽车供不应求的市场需求。一百多年后，人们在此基础上不断改变和创新，已经可以做到每 60 秒就能够下线一辆新车，并且还能做到快速切换的混线生产，即一条生产线能够同时生产不同车型，这就是现代制造业的柔性生产。这不仅是在混线生产品种上、生产节拍上对接市场需求，还在库存控制、质量控制、管理创新上起到了重要的推动作用。

随着科技的发展，特别是信息技术的发展，"互联网＋"为制造业带来更多可能，汽车制造的节奏还会得到进一步发展。但并不意味着节拍越快越好，而是要与顾客的需求、企业资源相适应。根据节拍时间合理迅速地调整生产线的配制是一个合格的生产管理者所必备的技能和能力。

工信部发布的《工业互联网创新发展行动计划(2021—2023 年)》提出："鼓励消费品、汽车、钢铁等行业企业基于用户数据分析挖掘个性需求，打造模块化组合、大规模混线生产等柔性生产体系，促进消费互联网与工业互联网打通，推广需求驱动、柔性制造、供应链协同的新模式"。

柔性制造是以市场为导向，按需生产，能够增强企业的灵活性和应变能力，提高生产效率，缩短生产周期，帮助企业适应多变的市场需求和激烈的市场竞争的生产方式。柔性制造在未来可以通过智能设备和控制系统来辅助实现，其最重要的内容是通过对节拍的调节、排列、重组来实现生产模式的灵活切换。通过对生产线配制的调整及切换，实现满足客户需求的目的。

工业互联网、数字技术、人工智能改变着传统工业的生产与管理方式，这需要不断去探索和创新，掌握节拍，与需求同步，节约资金、能源、人力等，满足变化着的客户需求，成为生产管理的"节奏大师"。

五、升级训练

生产情境：N 公司为汽车零部件生产企业，主要生产汽车变速器齿轮、齿轴及汽车传动零部件等。现以某系列的变速器中间轴产品热处理前的生产过程为例，根据所给的信息，分析制造中的数据，完成生产时间数据表(见表 5-5)。

(1) 月出勤天数、产能规划、每天需求量等需求信息如表 5-2 所示。

表 5-2 产品需求信息表

月出勤天数(天)	产能规划(件/月)	每天需求量(件)
22	32 000	1 455

(2) 该企业采用 3 班制,每班出勤时间、设备保养时间、各项休息时间如表 5-3 所示。

表 5-3 生产时间表

班次	出勤时间(分/班)	用餐与休息时间(分/班)	设备保养时间(分/班)	中间休息时间(分/班)	其他时间(分/班)	净可用时间(分/班)
白班	480	35	12	16	20	397
中班	480	35	12	16	20	397
晚班	480	60	12	16	20	372

(3) 该产品热处理前的工艺信息如表 5-4 所示。

表 5-4 工艺信息表

设备	滚齿机	滚齿机	滚齿机	插齿机	倒棱机	数控车床	剃齿机	剃齿机	剃齿机	剃齿机	普通铣床	搓齿机
工序	滚 B 齿	滚 D 齿	滚 A 齿	插 C 齿	倒棱	车毛刺	剃 A 齿	剃 B 齿	剃 C 齿	剃 D 齿	铣槽	搓花键
标准时间(秒)	36	32	36	190	28	32	36	35	38	37	28	10
加工零件数量(个)	1	1	1	1	1	1	1	1	1	1	1	1
作业单元数(个)	1	1	1	5	1	1	1	1	1	1	1	1
成品配套数(套)	1	1	1	1	1	1	1	1	1	1	1	1

说明:

① 表中“标准时间”表示该工序加工一件产品的标准加工时间。

② 表中“加工零件数”表示在标准时间内,一个设备能同时加工的零件数量。

③ 表中“作业单元数”表示该工序同时完成相同加工作业的单元数量。

④ 表中“成品配套数”表示一个成品需要本工序产出的半成品的数量。

(一) 任务名称

本任务的名称:N 公司的生产时间分析。

(二) 任务要求

根据任务情境中所给的信息,完成生产时间数据表。

(1) 根据所给的需求信息、生产时间信息,计算 TT。

(2) 根据所给的工艺信息，计算各工序的 CT。

(3) 假设没有其他影响因素，在理想状态下，分析该产品的 ATT。

(4) 根据 ATT、TT 等数据，判断是否能完成生产任务，并简要说明理由。

(三) 任务流程

(1) 计算一天的净可用时间，单位为秒。

(2) 计算 TT。

(3) 计算各工序的 CT，在该表中：

CT =(标准工时 ÷ 加工零件数量 ÷ 作业单元数) × 成品配套数。

(4) 计算理想状态下的 ATT。

(5) 比较 TT 和 ATT，判断是否能完成生产任务，并结合 CT 数据说明存在的问题。

(四) 任务成果

任务成果为：N 公司的生产时间数据表，样式见表 5-5。

表 5-5 变速箱中间轴生产时间数据表

设备	滚齿机	滚齿机	滚齿机	插齿机	倒棱机	数控车床	剃齿机	剃齿机	剃齿机	剃齿机	普通铣床	搓齿机
工序	滚 B 齿	滚 D 齿	滚 A 齿	插 C 齿	倒棱	车毛刺	剃 A 齿	剃 B 齿	剃 C 齿	剃 D 齿	铣槽	搓花键
标准时间(秒)	36	32	36	194.1	13.3	32.4	36.8	35.6	38.9	37.3	28.4	9.3
加工零件数量(个)	1	1	1	1	1	1	1	1	1	1	1	1
作业单元数(个)	1	1	1	5	1	1	1	1	1	1	1	1
成品配套数(套)	1	1	1	1	1	1	1	1	1	1	1	1
CT(秒)												
每天净可用时间(秒)												
TT(秒)												
ATT(秒)												
能否完成生产任务												

六、任务评价

评价项目	评价标准	评价依据	总分（分）	评价方式			评分（分）
				自评	小组评价	教师评价	
				20%	30%	50%	
职业素养	1. 遵守课堂纪律 2. 学习积极主动 3. 具有团队合作精神	1. 考勤 2. 学习态度 3. 课堂回答问题与互动情况	30				
专业能力	能够根据“生活情境”要求完成游戏，并能正确记录与分析生产时间数据。	纸飞机生产线的生产时间数据表	20				
	能够根据“生产情境”要求完成数据分析，并能够正确计算表中的TT、CT、ATT	变速箱中间轴生产时间数据表	30				
	能够正确判断生产任务完成情况，并结合三个时间的相互关系、作用等进行简要说明	变速箱中间轴生产时间数据表	20				
总　计			100				

七、自测习题

1. 不定项选择题

(1) 假设一条生产线有 4 个工序，工序时间分别为 8 秒、10 秒、9 秒、8 秒，请问在此情况下 ATT 最快能达到(　　)。

A. 8 秒　　B. 10 秒

C. 9 秒　　D. 35 秒

(2) 现生产计划为每天生产 3 600 个产品，一天工作 6 小时，生产节拍是(　　)。

A. 12 秒　　B. 36 秒

C. 6 秒　　D. 0.16 秒

(3) 表示生产速度的指标是(　　)。

A. 设备综合效率　　B. 生产节拍

C. 库存周转率　　D. 产品合格率

(4) 工序周期时间包括(　　)。

A. 增值时间　　B. 非增值时间

C. 工位内的移动步行时间　　D. 以上都不对

2. 判断题

（1）节拍时间简称为CT。（　　）

（2）瓶颈工序决定了整条生产线的生产交付能力。（　　）

（3）当TT>ATT时，说明在净可用时间内可完成生产计划任务。（　　）

（4）ATT是由最长的工序周期时间决定的。（　　）

任务六

要“流动”先平衡
——生产线平衡

一、任务学习目标

（一）知识目标

（1）理解生产线平衡的概念。

（2）理解生产线平衡的作用与意义。

（二）能力目标

（1）能够计算生产线平衡率。

（2）能够对生产线平衡进行分析，并提出改善方向。

（三）素质目标

（1）有良好的组织纪律性，具有团队合作精神。

（2）培养节约意识。

（四）任务导图

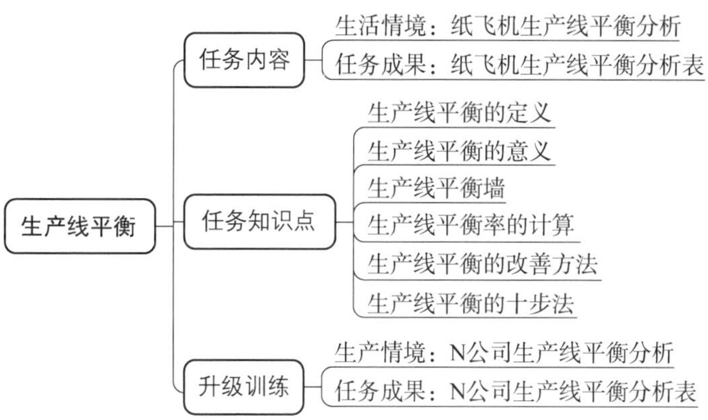

二、任务情境

在“认识制造中的三个时间”任务中，我们已经通过折纸飞机学习了三个制造时间的相关知识。现沿用纸飞机生产线的生产时间的数据资料，按要求进行生产线平衡的分析与计算。请结合生产线平衡率的概念及计算方法的知识点，完成纸飞机生产线平衡分析任务。

三、任务内容

（一）任务名称

本任务的名称：纸飞机生产线平衡分析。

（二）任务要求

(1) 按之前完成纸飞机生产线的生产时间表的分组组成小组。

(2) 根据所测量的数据进行生产线平衡分析，计算生产线平衡率。

(3) 根据操作情况、生产线平衡率结果，讨论存在的问题，并提出生产线平衡的改善措施。

(4) 完成纸飞机生产线平衡分析表。

（三）任务工具

纸飞机生产线的生产时间表。

（四）任务流程

根据要求，完成纸飞机生产线平衡分析表。

(1) 沿用纸飞机生产线的生产时间任务数据，将获得的时间数据填入表中序号 1 至序号 11 对应的空格。

(2) 根据数据结果，计算生产线平衡率，填入表中序号 12 对应的空格。

(3) 根据 TT、ATT、CT 的值，绘制生产线平衡墙。

(4) 分析现状，填写表中“现状问题”一栏。

(5) 根据现状及生产线平衡分析，讨论改善措施，并填入“改善措施”一栏。

任务成果

任务成果为纸飞机生产线平衡分析表(见表 6-1)。

表 6-1 纸飞机生产线平衡分析表

小组名称： 小组成员：		
序号	项　　目	数据结果
1	TT(单位：秒)	
2	CT1(单位：秒)	
3	CT2(单位：秒)	
4	CT3(单位：秒)	
5	CT4(单位：秒)	
6	LT(单位：秒)	
7	LT－(CT1＋CT2＋CT3＋CT4)(单位：秒)	

（续表）

序号	项　　目	数据结果
8	ATT(单位:秒)	
9	在制品数(单位:个)	
10	TT - ATT(单位:秒)	
11	是否能完成生产任务(选项:是/否)	
12	生产线平衡率	
生产线平衡墙:		
现状问题:		
改善措施:		

四、任务知识点

视频资料

认识生产线平衡

请扫描二维码，认真观看视频，初步了解生产线平衡的概念及计算方法。

（一）生产线平衡的定义

生产线平衡(line balance)是指对生产线的全部工序进行负荷分析，调整工序间的负荷分配，使各工序达到能力平衡(作业时间尽可能相近)的技术手段与方法，最终消除各种等待浪费现象，提高生产线的整体效率。这种改善工序间能力使之平衡的方法又称为“瓶颈工序改善”。

所谓瓶颈工序，是指流水线上生产能力低的工序对整条生产线的节拍形成制约。处理瓶颈工序问题的关键是要在工序间提前准备一定数量的在制品，保证生产线物料顺畅流动，不出现停滞等待，形成“一个流”(见图 6－1)。

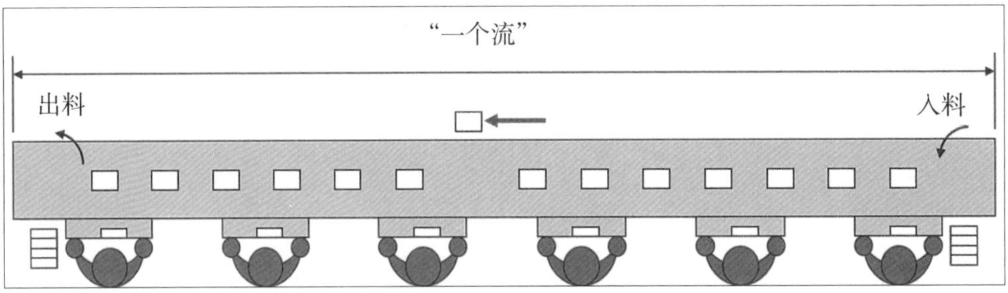

图 6－1 “一个流”示意图

在生产线布局规划中，通过生产线平衡把连续流、同步化生产与机器布置有机结合，减少工人和物料的移动距离，优化生产工艺。在布置机器时应考虑实施“一个流”生产、柔性加工、集成作业和弹性配置工人等生产组织方法，分析每个生产工序的作业内容，实现走动距离最短、产量柔性最大。

（二）生产线平衡的意义

(1) 缩短产品装配时间，增加单位时间的产量，降低生产成本。

(2) 减少工序间的在制品，减少场地的占用。

(3) 减少工序之间的准备时间，缩短生产周期。

(4) 消除员工等待现象，提升员工士气。

(5) 改变传统小批量作业模式，使其形成“一个流”的生产模式。

(6) 可以稳定和提升产品质量。

(7) 提升工厂整体生产效率和减少现场的各种浪费现象。

（三）生产线平衡墙

生产线平衡墙是用于分析生产线各工位平衡状态的一种工具，它在一面墙上显示生产线各工序的工作要素、工序周期时间（具体包括了增值时间和非增值时间）等各种信息，以便于分析生产线的改进空间和方法（见图 6－2）。

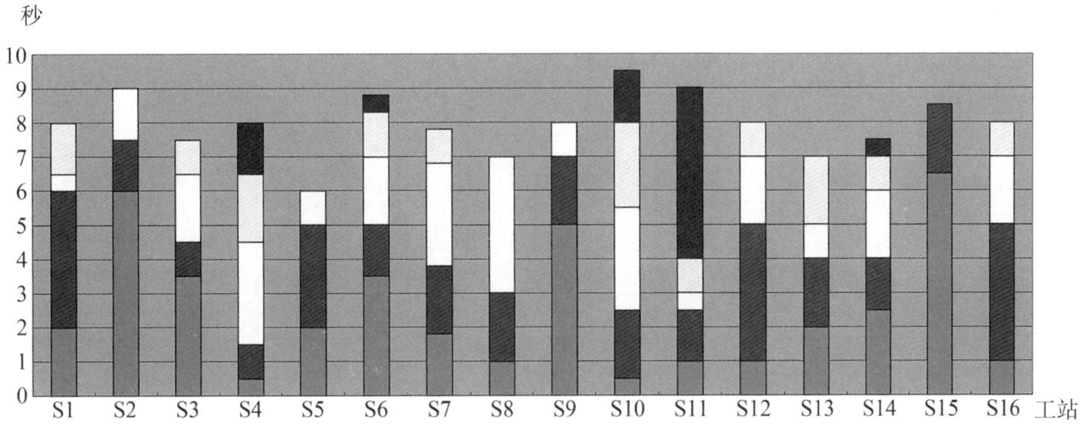

图 6－2 生产线平衡墙示意图

其具体做法是将各分解动作时间以叠加式直方图表示，反映各工序的作业时间对比，从中找到影响生产线能力的工序，发现可改善的地方。

（四）生产线平衡率的计算

要衡量工艺总平衡状态的好坏，我们必须设定一个定量值来表示，即生产线平衡率或平衡损失率，它以百分率表示。首先，要明确一点，虽然各工序的工序时间长短不同，但决定生产线的作业周期的工序时间只有一个，即最长工序时间——瓶颈工序时间。生产线平衡率的计算方法有两个。

（1）以工序产出为着眼点，以产出节拍计算生产线平衡率，这属于工序产能平衡方法。计算公式如下：

$$生产线平衡率=\frac{各工序周期时间总和}{工站数\times 瓶颈工序周期时间}\times 100\%$$

（2）以人的作业为着眼点，以人员作业周期时间计算生产线平衡率，这属于人员效率评估的计算方法。计算公式如下：

$$生产线平衡率=\frac{产品单件标准工时}{人数\times 瓶颈作业时间}\times 100\%$$

例题：假设在电装生产线上，共有 6 个工位，其作业内容、作业时间信息如表 6－2 所示。其中，工位 5 的功能检有 2 个作业单元，作业内容相同，由 2 名员工单独完成。请用两种方法计算生产线平衡率。

表 6-2 例题数据资料表

<table>
<tr><th>工位序号</th><th>岗位名称</th><th>作业内容</th><th>动作时间(秒)</th><th>标准工时(秒)</th><th>人员配置(个)</th><th>作业单元数(个)</th><th>工位半成品产出数(个)</th></tr>
<tr><td rowspan="2">1</td><td rowspan="2">打线 1</td><td>打变压</td><td>8</td><td rowspan="2">18</td><td rowspan="2">1</td><td rowspan="2">1</td><td rowspan="2">1</td></tr>
<tr><td>打室内</td><td>10</td></tr>
<tr><td rowspan="2">2</td><td rowspan="2">打线 2</td><td>打电源</td><td rowspan="2">16</td><td rowspan="2">16</td><td rowspan="2">1</td><td rowspan="2">1</td><td rowspan="2">1</td></tr>
<tr><td>打室内</td></tr>
<tr><td rowspan="3">3</td><td rowspan="3">插室温管</td><td>PCB 外观</td><td>15</td><td rowspan="3">24</td><td rowspan="3">1</td><td rowspan="3">1</td><td rowspan="3">1</td></tr>
<tr><td>插室温</td><td>7</td></tr>
<tr><td>打胶水</td><td>2</td></tr>
<tr><td rowspan="2">4</td><td rowspan="2">插线</td><td>插变压</td><td>7</td><td rowspan="2">37</td><td rowspan="2">1</td><td rowspan="2">1</td><td rowspan="2">1</td></tr>
<tr><td>插线</td><td>30</td></tr>
<tr><td rowspan="4">5</td><td rowspan="4">功能检</td><td>插线</td><td>20</td><td rowspan="4">45</td><td rowspan="4">2</td><td rowspan="4">2</td><td rowspan="4">2</td></tr>
<tr><td>功能检</td><td>16</td></tr>
<tr><td>拆线</td><td>5</td></tr>
<tr><td>贴断电</td><td>4</td></tr>
<tr><td rowspan="3">6</td><td rowspan="3">外观检</td><td>外观检</td><td>8</td><td rowspan="3">16</td><td rowspan="3">1</td><td rowspan="3">1</td><td rowspan="3">1</td></tr>
<tr><td>贴条码</td><td>2</td></tr>
<tr><td>包装</td><td>6</td></tr>
</table>

(1) 以工序产出为着眼点，计算生产线平衡率：

$$\text{生产线平衡率}=\frac{18+16+24+37+22.5+16}{37\times 6}\times 100\%=60.1\%$$

(2) 以人的作业为着眼点，计算生产线平衡率：

$$\text{生产线平衡率}=\frac{18+16+24+37+45+16}{37\times 7}\times 100\%=60.2\%$$

(五) 生产线平衡的改善方法

1. 基本原则

调整工序的作业内容使各工序作业时间接近或减少工序间的偏差，但要关注是否符合节拍要求。

(1) 对瓶颈工序进行作业改善，如合格率、生产效率、设备故障率。

(2) 增加瓶颈工序的作业资源数。

(3) 分解瓶颈工序的作业内容。

(4) 减少非瓶颈工序作业资源数。

(5) 合并相关工序，重新排布生产工序流程或更改工艺布局。

(6) 分解作业时间较短的工序，把该工序安排到其他工序中。

(7) 增加作业人员，只要平衡率提高，人均产量提高，单位成本也会随之下降。

2. 基本方法

(1) 瓶颈改善:提高设备效率、提高作业技能、增加作业人员、作业拆解分割、改进工具夹具。

(2) 作业方法改善:合并微小动作、简化复杂动作、重排作业顺序、取消不必要动作。

3. 生产线平衡改善方法举例

(1) 缩短生产节拍,提高生产速度,维持人手不变。将工序 2 里的一部分可抽调的时间转至工序 3,以缩减整体的生产节拍(见图 6-3)。

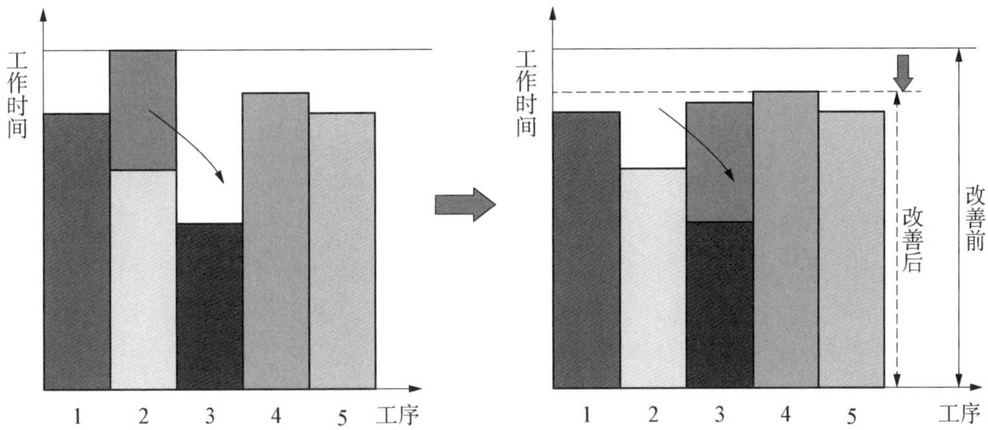

图 6-3 生产线平衡改善方法举例 1

(2) 减少人员,维持生产速度不变。将工序 3 里的工作时间分配至工序 2、4 及 5,从而工序 3 里的人手可调配至其他生产线(见图 6-4)。需要注意的事项:工序 2、4、5 上的作业人员均要有足够时间接受额外工作。

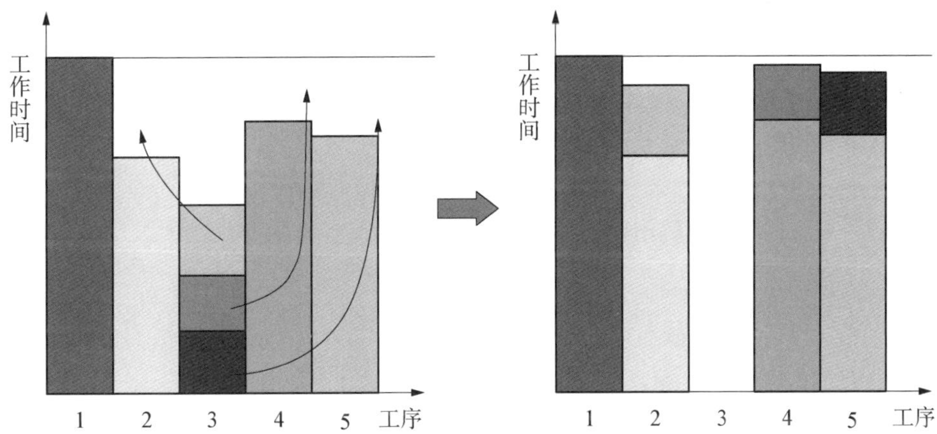

图 6-4 生产线平衡改善方法举例 2

(3) 降低线体速度,减少生产产量。因生产需求量降低而可降低线体速度。将工序 3、4 的工作时间分配至工序 1、2、5 里,从而工序 3、4 上工作岗位的人手可调配至其他生产线(见图 6-5)。

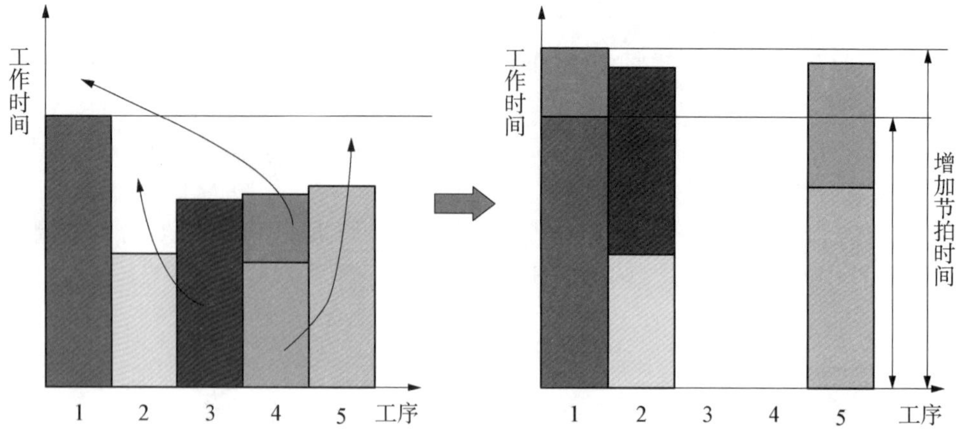

图 6-5　生产线平衡改善方法举例 3

（六）生产线平衡的十步法

（1）第一步：明确改善目的和对象。可从三个方面考虑：是否因为生产量变动而进行改善；是否为了提高生产率而减少工作人员；改善对象是一条生产线、某段工序，还是整个流程。

（2）第二步：了解并分析生产现状及相关人员的工作状况。如各工序的良品率、员工出勤状况、产品加工的难易度、品质事故的发生点等。

（3）第三步：了解产品工艺流程并分解各工序的作业要素。需注意的是，要根据工艺流程图了解加工作业内容；依据作业拆分原则拆分各工序的作业要素。

（4）第四步：对各作业要素进行时间观测。

（5）第五步：对观测记录的结果进行处理，得出各作业要素的标准时间，在进行数据处理时应注意两点，即剔除异常值、排除各种影响作业的因素，最后制定各作业要素的标准时间；把各种浪费现象记录下来并提出相关的改善方法，以便实施改善方案。

（6）第六步：绘出生产线平衡墙。

（7）第七步：计算目前的平衡率等。

（8）第八步：提出改善目标及实施方案。

（9）第九步：依据平衡基本原则与方法、IE 七大手法实施改善方案。

（10）第十步：分析、总结和评价结果。

拓展学习

什么是“一个流”

在精益术语中，“一个流”即是按照产品的工艺流程顺序将不同的设备或其他制造资源排列在一起，组成生产线，产品在加工过程中没有停滞和等待。这样的生产线也被称为“连续流”或“单件线”。“一个流”的关键不在于是否有传送带，而是在于各工序或各生产单元的速度一致。实现“一个流”，需要从以下几个方面开展工作。

（1）按生产工序过程安排工位及设备。如果不同工序、设备之间的距离较远的话，就会产生很多不必要的搬运，从而影响流动。“一个流”的生产要求是按照加工顺序安排工位、设备。

(2) 按节拍进行生产。“一个流”要求各道工序严格按照节拍进行生产，即生产需要步调一致，达到平衡状态。如果各道工序的生产节拍不一致，将会出现产品积压或生产线停滞的情况，无法形成“一个流”。

(3) 培养多能工。为了能够实现各工序的均衡，有时需要将多个设备组成一个生产单元，或者一人需要完成多个工位的工作，这就需要培养多能工来均衡整个生产节拍。此外，培养多能工还有利于及时调整人员的增加或减少。

(4) “U”形布置。“一个流”生产常常将生产设备按照“U”字形来排列，从入口到出口形成一个完整的“U”形，这样就可以大量减少由于不同工序之间的传递而造成的走动，减少时间和搬运的浪费，从而提高生产效率。

实现“一个流”，要尽可能地将生产流程连起来，从第一个工序开始到最后一个工序结束，实现连续流动，减少搬运浪费；步调一致生产，减少等待浪费，提高生产效率，缩短制造周期，降低各种管理成本。

案例分享

案例：汽配企业L公司新车间的优化案例

L公司作为汽配企业，主要为主机厂供应皮带轮、减震器等零部件，经过多年的经营与发展，现需要扩大车间规模。为了在新车间规划中规避老厂房生产中存在的问题，该企业成立项目组，总结原有问题，开展新车间规划。经项目组调研，原有车间存在着物流路线规划不合理、在制品库存多、搬运次数多等问题，热处理前、热处理后的两段生产线的平衡率平均为60%。项目组为解决这些问题，在新车间实现“一个流”的布局，开展了以下工作。

(1) 进行PQ分析(产品—产量分析)，确定了种类占比20%而产量占比80%的主要产品。

(2) 分析与预测未来3年各产品的需求情况，确定生产需求节拍，确定生产线产能规划。

(3) 分析与设计工艺流程。

(4) 结合工艺流程、需求节拍，确定各工位的生产设备、人员的资源需求情况。

(5) 根据新车间的面积、结构，确定生产各区域的名称与数量。

(6) 进行区域相关性分析。

(7) 输出布局方案及设备需求清单。

根据以上工作，新车间的物流设计规划形成了“一笔画布置”(见图6-6)，让生产过程流动了起来。

经过四个月的项目实施，新车间的试运行与测试结果显示：生产线平衡率提高到82%，进入批量生产阶段后，生产线平衡率还将有所提升。U型线的布局设计、多能工的培训，使员工的工作效率得到提高，将生产瓶颈工序的CT由原来的36秒减少为18秒；在制品数量减少了90%。生产线流动了起来，企业的生产在成本、效率、能耗上均得到了较大程度的改善。

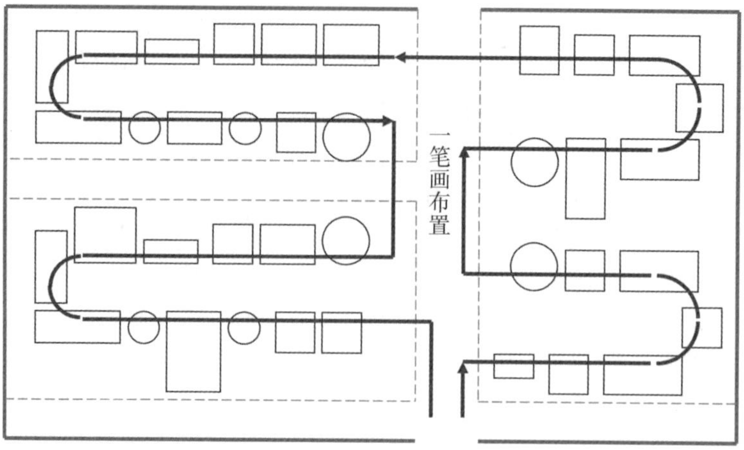

图 6-6 “一笔画布局”示意图

五、升级训练

生产情境:在任务五的生产情境中,已根据N公司某系列的变速器中间轴产品热处理前的生产过程信息,完成了制造中的生产时间数据表。现根据该情境的信息以及生产数据结果,分析该生产线的平衡情况,并根据分析结果,提出改善建议,完成变速箱中间轴生产线平衡分析表。

(一) 任务名称

本任务的名称:N公司生产线平衡分析。

(二) 任务要求

(1) 根据任务五的生产情境任务数据结果完成该任务的生产线平衡分析。

(2) 根据所得的数据进行生产线平衡分析,计算生产线平衡率。

(3) 根据生产线平衡结果,讨论存在的问题,并提出生产线平衡的改善措施。

(4) 完成变速箱生产线平衡分析表。

(三) 任务流程

(1) 根据任务五的生产情境数据分析结果,补充完整变速箱中间轴生产线平衡分析表的“CT”“每天净可用时间”“TT”这几栏。

(2) 根据数据情况,找出CT最长的工序时间,填入“瓶颈工序周期时间”一栏。

(3) 以工序能力为着眼点,根据公式计算生产线平衡率,将结果填入“生产线平衡率”一栏。

(4) 根据各工序的CT结果,绘制生产线平衡墙,包括TT、ATT的时间水平线。

(5) 根据各工序能力、TT、ATT等情况,在满足生产能力规划的前提下,思考如何提高生产线平衡率,并提出改善措施。

(四) 任务成果

任务成果为N公司生产线平衡分析表(见表6-3)。

表 6-3 N公司生产线平衡分析表

设备	滚齿机	滚齿机	滚齿机	插齿机	倒棱机	数控车床	剃齿机	剃齿机	剃齿机	剃齿机	普通铣床	搓齿机
工序	滚B齿	滚D齿	滚A齿	插C齿	倒棱	车毛刺	剃A齿	剃B齿	剃C齿	剃D齿	铣槽	搓花键
标准时间(秒)	36	32	36	190	28	32	36	35	38	37	28	10
加工零件数量(个)	1	1	1	1	1	1	1	1	1	1	1	1
作业单元数(个)	1	1	1	5	1	1	1	1	1	1	1	1
成品配套数(套)	1	1	1	1	1	1	1	1	1	1	1	1
CT(秒)												
每天净可用时间(秒)												
TT(秒)												
ATT(秒)												
生产线平衡率(百分比)												
生产线平衡墙												
改善措施												

六、任务评价

<table>
<tr><th rowspan="3">评价项目</th><th rowspan="3">评价标准</th><th rowspan="3">评价依据</th><th rowspan="3">总分（分）</th><th colspan="3">评价方式</th><th rowspan="3">评分（分）</th></tr>
<tr><th>自评</th><th>小组评价</th><th>教师评价</th></tr>
<tr><th>20%</th><th>30%</th><th>50%</th></tr>
<tr><td>职业素养</td><td>1. 遵守课堂纪律
2. 学习积极主动
3. 具有团队合作精神</td><td>1. 考勤
2. 学习态度
3. 课堂回答问题与互动情况</td><td>30</td><td></td><td></td><td></td><td></td></tr>
<tr><td rowspan="2">专业能力</td><td>1. 根据“生活情境”计算产线平衡率
2. 绘制生产线平衡墙
3. 根据情境分析现状
4. 提出可行的改善措施</td><td>纸飞机生产线平衡分析表</td><td>35</td><td></td><td></td><td></td><td></td></tr>
<tr><td>1. 根据“生产情境”计算产线平衡率
2. 绘制生产线平衡墙
3. 提出可行的改善措施</td><td>N公司生产线平衡分析表</td><td>35</td><td></td><td></td><td></td><td></td></tr>
<tr><td colspan="3">总　　计</td><td>100</td><td colspan="3"></td><td></td></tr>
</table>

七、自测习题

1. 不定项选择题

(1) 生产线平衡是对全部工序进行(　　)，调整作业负荷。

A. 程序化　　B. 均衡化

C. 标准化　　D. 程序化

(2) 生产线平衡的目的是通过平衡生产线，使现场更加容易实现(　　)。

A. 设备控制　　B. 质量管理

C. “一个流”　　D. 以上都不对

(3) 生产线平衡就是令生产线上各工序的作业时间尽可能趋于(　　)。

A. 各工序的平均时间　　B. 各工序最短的作业时间

C. 各工序最长的作业时间　　D. 需求节拍时间

(4) 假设一条生产线有4个工序，工序时间分别为8秒、10秒、9秒、8秒，其生产线平衡率是(　　)。

A. 87.5%　　B. 97.2%

C. 78.5%　　D. 100%

(5) 提高生产线平衡率的有效手段包括(　　)。

A. 重新布局工位,使得每个工位时间相近

B. 对于瓶颈工序,进行动作分析,降低操作时间

C. 将工序距离拉大

D. 在满足生产节拍的情况下,减少工位数,平衡剩余工位时间

2. 判断题

(1) 提高生产线平衡不能减少在制品数量。(　　)

(2) 不断提高每个工序的速度,才是提高生产线平衡的有效手段。(　　)

(3) 生产线平衡追求的是提高生产线的速度。(　　)

(4) 调整工序的作业内容使各工序作业时间接近或减少工序间的偏差,但要关注它是否符合节拍要求。(　　)

(5) 生产线平衡墙需要包括工作要素、工序周期时间等各种信息。(　　)

任务七

不早不晚“刚刚好”
——准时化与拉动式生产

一、任务学习目标

(一)知识目标

(1)理解准时化及拉动式生产的作用及意义。

(2)熟悉看板的功能与分类。

(二)能力目标

(1)能够按照拉动式生产方式完成情境任务。

(2)能够根据生产情境,计算看板需求数量。

(三)素质目标

(1)有良好的组织纪律性,具有团队合作精神。

(2)培养以用户需求为导向的服务意识。

(四)任务导图

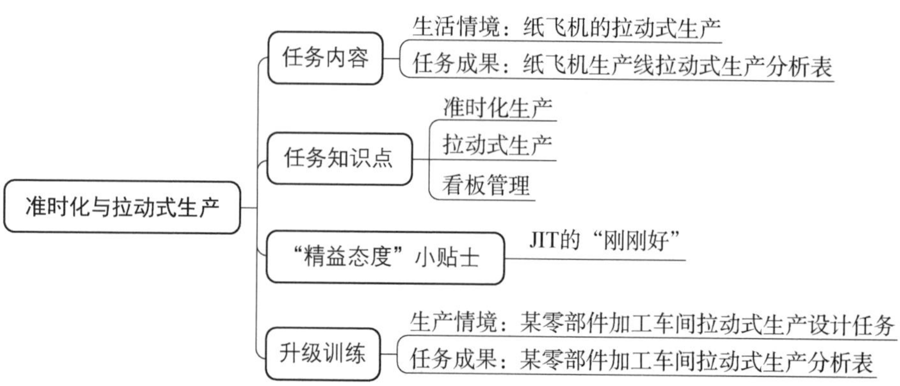

二、任务情境

生活情境:在生产线平衡的任务中,四道工序的操作人员按照自己的节奏完成岗位工作,由于各工序生产速度不一致,导致产生了很多在制品。假设客户的实际需求变为 10 架纸飞机时,这些在制品就会变成库存,造成资源的浪费,给企业带来损失。大家想一想,能否在不改变各工序操作方式的情况下，减少在制品呢？请结合准时化与拉动式生产的知识点，根据任务要求完成纸飞机的拉动式生产。

三、任务内容

(一) 任务名称

本任务的名称：纸飞机的拉动式生产任务。

(二) 任务要求

(1) 按之前完成纸飞机生产线的分组组成小组。

(2) 由第四名操作工人接收订单。

(3) 其余三名工人的操作步骤不变，但不能像之前那样按照自己的节奏进行生产，而是变为：两道工序间除非为空，否则不进行操作。

(4) 在完成第 10 架飞机时，停止操作，记录在制品数量，完成纸飞机拉动式生产分析表。

(三) 任务工具

(1) 每组准备长方形折纸 20 张。

(2) 每组准备 5 部用于计时的手机。

(四) 任务流程

(1) 安排 4 名操作员分别负责折纸飞机的四步操作，操作方法按照“制造中的三个时间”的四道工序完成。

(2) 由第四道工序的操作人员观察成品数量情况。

(3) 其他三道工序的操作人员需要观察下道工序间的在制品情况，以此确定是否进行操作。当自己的工序与下道工序间有在制品时，不能进行生产，当自己的工序与下道工序间为空，才能进行操作。需要说明的是，只有在需要操作的情况下，才能拿起纸飞机。

(4) 当第 10 架纸飞机完成时，停止操作，清点生产线上的在制品数量。

(5) 与“制造中的三个时间”的纸飞机在制品数量进行比较，并分析结果。

(五) 任务成果

任务成果为纸飞机生产线拉动式生产分析表(见表 7 - 1)。

表 7 - 1　纸飞机生产线拉动式生产分析表

<table>
<tr><td colspan="3">小组名称：
小组成员：</td></tr>
<tr><td>项目</td><td>任务五的纸飞机生产情况</td><td>本次任务中的纸飞机生产情况</td></tr>
<tr><td>完成第 10 架纸飞机时的在制品数量</td><td></td><td></td></tr>
<tr><td>成效说明</td><td colspan="2"></td></tr>
<tr><td>拉动式生产模式总结</td><td colspan="2"></td></tr>
</table>

四、任务知识点

视频资料

认识拉动式生产

请扫描二维码，认真观看视频，初步了解拉动式生产的概念及作用。

(一) 准时化生产

1. 准时化生产的定义

准时化生产是精益生产的两大支柱之一，是指只在需要的时候，按需要的量生产所需的产品。准时化生产是追求一种无库存或库存达到最小的生产系统。它的基本思想是对生产的计划和控制及对库存的管理，其实质是保持物流和信息流在生产中的同步，实现以恰当数量的物料，在恰当的时候进入恰当的地方，生产出恰当质量的产品。这种方法可以减少库存，缩短工时，降低成本，提高生产效率。

从本质上讲，它是一种生产管理技术。但就它的基本理念来说，它不仅仅限于生产过程的管理。它是一种现代经营观念和先进的生产组织原则，追求的是生产经营全过程的合理性、高效性和灵活性。它是包括经营理念、生产组织、物流控制、质量管理、成本控制、库存管理、现场管理和现场改善等在内的完整的生产管理技术与方法体系。

2. 准时化生产的目的

消除浪费是准时化生产的起点。它强调消除生产中的一切浪费，其中包括过量生产、部件与操作者的移动和等待时间、劣质品的制造、物料储存等。准时化生产是一种在正确的时间、正确的地点做正确的事情，以期达到零库存、无缺陷、低成本的理想生产模式。它的理想目标是 6 个“零”和 1 个“一”，即零缺陷、零储备、零库存、零搬运、零故障停机、零提前期和批量为一。它要实现的具体目标包括：减少零件搬运、机器损坏低、废品量最低、生产提前期最短、废品量最低、库存量最低、准备时间最短（见图 7－1）。

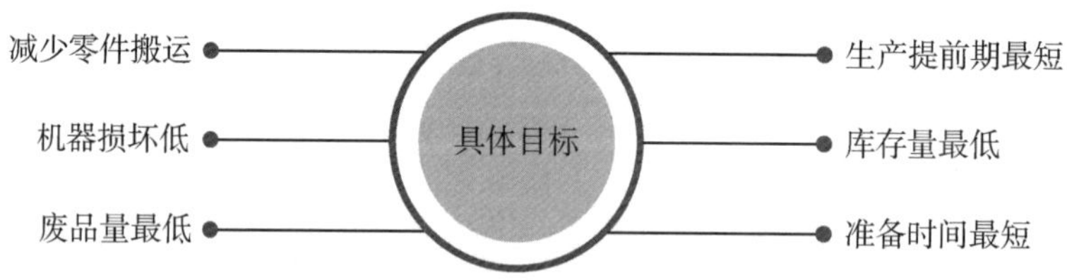

图 7－1　准时化生产的具体目标

3. 实行准时化生产的支持手段

实行准时化生产有三种主要的支持手段，以达到降低成本、消除浪费的目的。准时化生产三种主要支持手段的逻辑关系如图 7－2 所示。

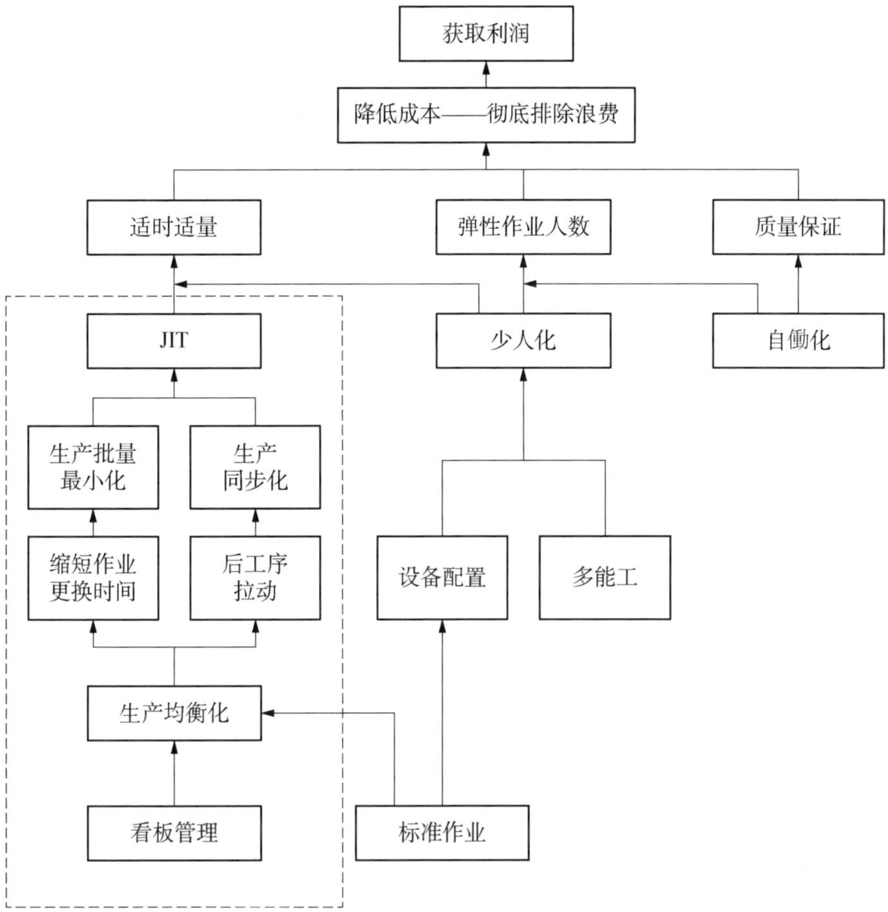

图7-2　准时化生产的三种支持手段

1）适时适量生产

（1）生产同步化。为了实现适时适量生产，首先需要致力于生产的同步化。它是指工序间不设置仓库，前一工序加工结束后，立即转入下一工序。生产的同步化通过“后工序拉动”的方法实现：后工序只在需要的时间到前工序领取所需的加工品，前工序根据被领取的数量和品种进行生产。如在装配生产线上，制造工序的最后一道即为生产需求的出发点，生产计划只下达给总装配线，以装配为起点，在需要的时候，向前工序领取必要的加工品，而前工序提供该加工品后，为了补充被领走的量，必向再前道工序领取物料，把各个工序都连接起来，实现同步化生产。

（2）生产均衡化。生产均衡化是实现适时适量生产的前提条件。所谓生产的均衡化，是指在向前工序领取零部件时应均衡地使用各种零部件，生产各种产品。为此在制订生产计划时就必须加以考虑，然后将其体现于产品生产顺序计划之中。在制造阶段，均衡化通过专用设备通用化和制定标准作业来实现。所谓专用设备通用化，是指在专用设备上增加一些工夹具的方法使之能够加工多种不同的产品。标准作业是指将作业节拍内一个作业人员所应担当的一系列作业内容标准化。

2）配置合理化

资源配置的合理化是实现降低成本目标的最终途径，具体是指在生产线内外，所有的设备、人员和零部件都得到最合理的调配和分派，在最需要的时候以最及时的方式到位。

设备方面，包括相关模具实现快速装换调整，例如，丰田公司发明并采用的设备快速装换调整的方法是 SMED 法。这为满足后工序频繁领取零部件制品的生产要求和多品种、小批量的均衡化生产提供了重要的基础。但这种频繁领取制品的方式必然增加运输作业量和运输成本，特别是如果运输不便，将会影响准时化生产的顺利进行。通过合理布置设备，特别是 U 型单元联结而成的组合 U 型生产线，可以大大简化运输作业，使得单位时间内零件制品运输次数增加，但运输费用并不增加或增加很少，为小批量频繁运输和单件生产单件传送提供了基础。

人员方面，多技能作业员（或称"多能工"）是指那些能够操作多种设备的生产作业工人。多技能作业员是与设备的 U 型单元式布置紧密联系的。在 U 型生产单元内，由于多种设备紧凑地组合在一起，这就要求生产作业工人能够操作多种设备，同时负责多道工序的作业，如一个工人要会同时操作车床、铣床和磨床等。

"精益态度"小贴士

JIT 的"刚刚好"

"准时化"，就是时间刚刚好，不要早也不要迟。而"生产"就一定得明确生产的品种和生产的数量。

我国在 20 世纪 70 年代末期引入准时化生产管理，长春第一汽车制造厂最先开始应用看板系统控制生产现场作业。到了 1982 年，第一汽车制造厂采用准时化生产的看板取货方式生产的零件数，已达其生产零件量总数的 43%。80 年代初，中国企业管理协会组织推广现代管理方法，准时化生产方式中的看板管理工具被视为现代管理方法之一，在全国范围内被宣传推广。近年来，我国的汽车工业、电子工业，以及其他制造业等实行流水线生产的企业应用了 JIT，并获得了明显效果，例如第一汽车制造厂、第二汽车制造厂、上海大众汽车有限公司等企业，结合企业实际情况创造性地应用 JIT，取得了丰富的经验，创造了良好的经济效益。

JIT 的生产管理模式，释放了企业大量的资金积压，腾出了空间，也减少了搬运，还避免了多余的管理和质量风险。并不是生搬硬套工具方法就能够获得效益，更重要的是要坚持三个"必需"的理念（在必需时间内生产必需数量的必需产品），以顾客需求为导向合理配置资源，减少不必要的浪费。

（二）拉动式生产

1. 拉动式生产的定义

拉动式生产是准时化生产得以实现的技术承载。这也是大野耐一从超市售货方式中借鉴到的生产方法。在拉动式生产中，后一作业工序根据需要加工多少产品，要求前一作业工序制造正好需要的零件。拉动式生产是一种通过只补充已消耗的资源，来达到控制资源流动的生产管理系统。它是由客户需求拉动生产,后工序需求触发前工序生产的需求拉动系统。拉动式生产示意图见图 7-3。

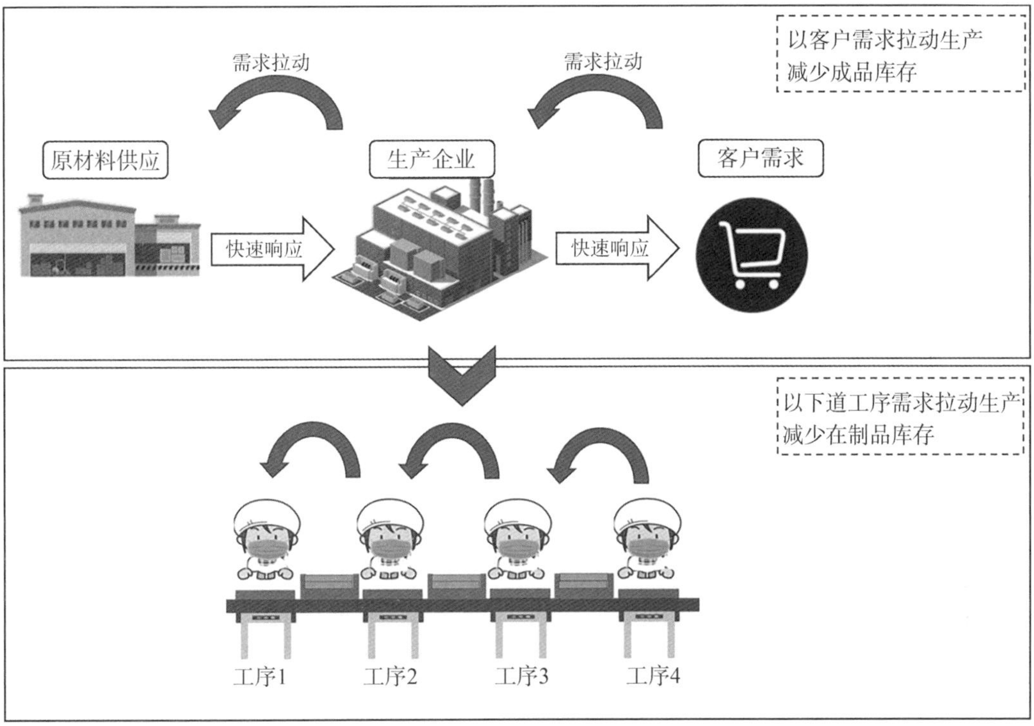

图 7-3 拉动式生产示意图

如在纸飞机生产线拉动式生产的任务中,虽然完成纸飞机生产的步骤均未改变,但主导纸飞机完成的不是前一个工序,而是下一个工序:即在第四道工序根据市场需求进行生产,从而拉动前工序的生产。这就是说,企业生产的动机是满足顾客的需求,让需求拉动产品的生产,而不是把不想要的产品硬推给顾客。在市场上,通过顾客需求拉动生产,减少成品库存;在生产制造过程中,以各工序间的生产需求,拉动各环节的生产来减少在制品。通过拉动的方式,将需求与生产连接,快速满足顾客的需求,减少库存,降低企业风险。

2. 拉动式生产的主要特点

(1) 适合多品种、小批量生产,能满足用户的不同需求。

(2) 生产与需求一致,物流和信息流一致。

(3) 消除生产、储存、质量控制过程中的浪费。

(4) 降低制造成本和经营成本,为客户创造附加价值。

(5) 找出改进机会,追求完美、持续改善。

3. 推动式生产与拉动式生产比较

1) 推动式生产的含义

与拉动式生产相对应的就是推动式生产。这两种生产组织管理方式适用于不同的生产组织要求。在推动式生产中,各工序间的生产指令由统一的计划确定,即前一工序加工完成的时间和数量由统一的生产计划确定，生产完毕后，不管下道工序是否需要，都将生产出来的零部件“推给”后一工序加工，每一工序都根据生产计划，尽其所能地生产，尽快完成生产任务，不管下一工序当时是否需要。如果下道工序加工时间比上一道工序长，则会积压在制品，相当于过早的生产。如果市场需求有变动，则这些在制品就变成浪费生产资源的库存。这反映出推动式生产容易造成各工序只按照自己的能力生产而不管下道工序的需要，导致系统中经常存在大量一时并不需要的在制品。但这并不意味着推动式生产一无是处，这种生产组织方式适合于大批量生产市场需求稳定的产品，如快消品。而拉动式生产更加适合多品种、小批量、用户需求变化快的市场环境。

2）推动与拉动的区别

从实质方面来说，推动式生产是按照 MRP 的计算逻辑，各生产环节都是按照公司规定的生产计划生产。它不能满足适时生产的要求，如果采用推动式生产方式，同时要保证所有产品能够准时交货，这就要求必须精确计算所有产品以及零部件的交货期。而拉动式生产是准时化生产得以实现的技术承载，响应适时适量生产，是为实现准时化生产模式服务的一种生产方式。

从作业过程方面来说，推动式生产的每一工序都根据生产计划尽其所能地生产，尽快完成生产任务，不管下一工序当时是否需要，其行动的触发点是生产计划。而拉动式生产中是后一工序根据需要加工多少产品，要求前一工序制造正好需要的零件，后道工序是前道工序的客户，其生产时间、生产数量均由客户需求拉动，其行动的触发点是客户的需求。推动式生产模式与拉动式生产模式对比图见图 7-4。

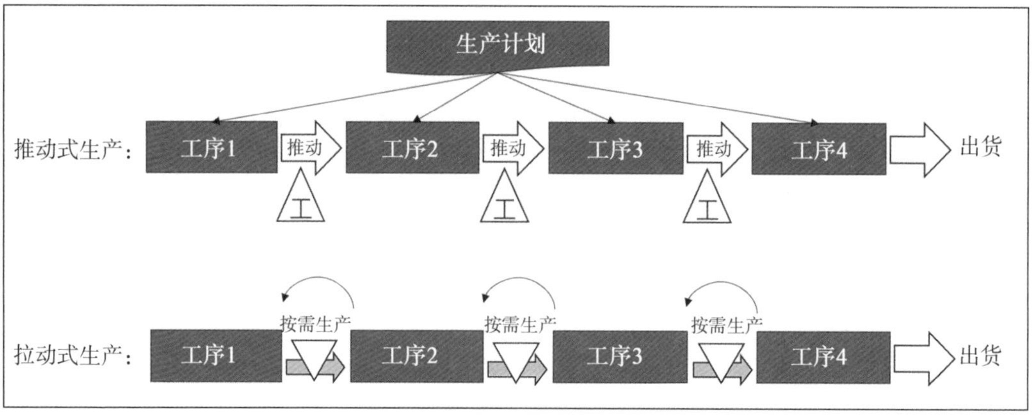

图 7-4 推动式生产模式与拉动式生产模式的对比

4. 实施拉动式生产的前提条件

虽然拉动式生产有很多优势，但并不是说所有的企业都能实施拉动式生产，这需要具备前提条件，具体如下。

（1）建立流动基础。流动是精益生产管理的原则之一，首先要有流动，才能拉动。

（2）均衡生产。产品的实物产量，或工作量，或工作项目，在相等的时间内完成的数量要基本相等或稳定递增。如果各环节存在较大幅度的数量和品种的波动，拉动式生产是无法适应的。

（3）标准化管理。各工序必须制定严格的、易于执行的操作流程，确保在规定流程、规定时间内完成工作，以保证各工序完成质量、完成时间的稳定。

(4) 管理与文化。拉动式生产的容错率是很低的。一旦出现问题，需要直面问题、承担责任。这种精神要深植于企业的文化之中，并要求企业有相应的解决问题的能力。

如果未具备基本的前提条件，就跟风贸然实施拉动式生产，可能会给企业带来更多的在制品积压、不必要的搬运周转、频繁缺料停线等问题。

(三) 看板管理

1. 看板管理的定义

看板管理是指在生产线上的工序之间以看板为指令，完成物流或信息流的传递。在生产拉动系统中，是按需求进行拉动作业的，而看板就是在各个作业之间传递这种信息、运营这种系统的工具，即以看板为载体向上一道工序发出需求和加工信息。在看板生产拉动系统中，看板犹如巧妙连接各道工序的神经发挥着重要作用，它是拉动式生产的重要组成部分。

看板最初是丰田汽车公司于20世纪50年代从超级市场的运行机制中得到启示，将其作为生产中运送指令的传递工具而被创造出来。经过多年的发展和完善，目前已经在很多方面发挥着重要作用。拉动式生产通过看板这一工具，成功地制止了过量生产，实现了在必要的时刻生产必要数量的必要产品(或零配件)，从而彻底地消除了在制品的过量浪费，以及由之衍生出来的种种间接浪费，彻底消除了引起成本增加的种种浪费，实现生产过程的合理性、高效性和灵活性。

看板是管理可视化的一种表现形式，即将数据、情报等的状况一目了然地表现出来，主要是对管理项目，特别是情报进行的透明化管理活动。因此，看板只是一种信息的载体，只要能够传递需求信息，并且形成共识语言，都可以将其称为看板，它可以是纸质卡片、电子屏幕、空箱等。随着信息技术的发展，看板也有很多新的呈现形式，如二维码、RFID标签等。

案例分享

案例：移动互联技术在物料拉动配送中的应用

移动互联技术的发展与应用，为生产管理提供了更多的便利，如在物料拉动系统中，可用二维码形式代替纸质卡片形式的看板，能够更为快捷地传递需求信息，拉动物料的配送操作。

在柳州职业技术学院的精益生产全景工厂中，现场的物流配送主要有SPS配送、排序配送、物料拉动配送。这是汽车装配中常用的三种配送方式。在精益生产全景工厂中，这三种物流配送方式应用移动互联技术，让生产岗位的生产操作、物流组织、仓储管理等各项生产活动更为便捷。以物料拉动配送为例，在生产线的各工位上，以印刷有二维码的卡片代替传统纸质看板，员工根据物料的使用情况，用手机或其他移动终端扫描看板卡，实时传递物料需求信息给物流配送人员、仓储管理员，实现物料拉动配送(见图7-5)。通过移动互联技术，减少了看板拿取传递的步骤，作业人员可及时准备物料，提高了配送效率。

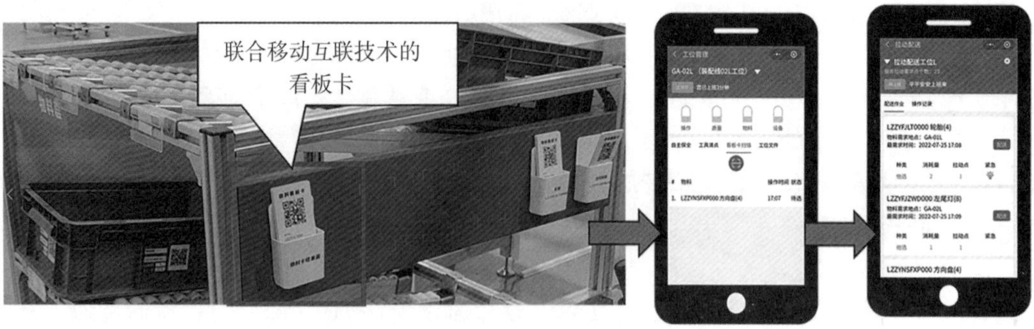

图 7-5　联合移动互联技术的物料拉动看板

2. 看板的功能

1）生产及取料指令

生产及取料指令是看板最基本的功能。看板中记载着生产和取料的数量、时间、目的地、放置场所、搬运工具等信息，从装配工序逐次向前追溯，实现“后工序领取”和“适时适量生产”。

2）防止过量生产和过量运送

看板必须按照既定的规则来使用。其规则之一就是没有看板不能生产，也不能运送。根据这一规则，各工序如果没有看板，既不进行生产，也不进行运送；看板数量减少，则生产量也相应减少。由于看板所标示的只是必要的量，因此运用看板能够做到防止过量生产、过量运送。

3）目视管理的工具

看板的另一条使用规则是看板必须附着在实物上，且前工序按照看板取下的顺序进行生产。根据这一规则，作业现场的管理人员对生产的优先顺序能够一目了然，很容易管理。只要通过看板所表示的信息，就可知道后工序的作业进展情况、本工序的生产能力利用情况、库存情况以及人员的配置情况等。

4）改善的工具

在制品和库存的改善主要通过减少看板的数量来实现，看板数量减少意味着工序间在制品量的减少。如果保持较高的在制品存量，即使设备出现故障、不良产品数目增加，也不会影响后工序的生产，在制品库存掩盖了生产中的各种问题。所以，丰田公司认为库存是“万恶之源”。精益生产通过不断减少看板数量、减少在制品库存，使得上述问题不可能被无视。这样不仅解决了问题，还使生产线的“体质”得到加强。

3. 看板管理原则

看板管理必须制定严格的制度，否则就会陷入形式主义的泥潭，达不到应有的效果。在采用看板作为管理工具时，应遵循以下原则。

（1）后工序只有在必需的时候，才向前工序领取必需数量的零件。

（2）前工序只按照被后工序领取的零件数量（包括型号、质量和数量）进行生产。这就要求生产数量按看板规定数量进行，没有看板不能生产；某工序存在多种零件时，生产顺序按看板顺序进行。

（3）不良品不送往后工序。一旦发现次品必须停止生产，直到找到问题根源。

（4）看板的使用数目应该尽量减少。看板的数量代表零件的最大库存量，看板数越少代表在制品库存越少。通过有计划地主动减少看板，可及时发现问题，并找出原因。

4．看板类型

看板的类型主要分为传送看板、生产看板、临时看板。传送看板主要包括工序间看板、外协看板；生产看板主要包括工序内看板、信号看板；临时看板根据需要进行设置、使用。看板的类型见图 7－6。

- 看板
  - 传送看板
    - 工序间看板
    - 外协看板
  - 生产看板
    - 工序内看板
    - 信号看板
  - 临时看板（设备维护、临时任务）

图 7－6　看板的类型

1）工序间看板

定义：工序间看板是指工厂内部后工序到前工序领取所需的零部件时所使用的看板。

使用方法：工序间看板挂在从前工序领来的零部件的箱子上，当该零部件被使用后，取下看板，将看板放到设置在作业场地的看板回收箱内。看板回收箱中的工序间看板所表示的意思是"该零件已被使用，请补充"。现场管理人员定时来回收看板，将看板集中起来后再分送到各个相应的前工序，以便领取需要补充的零部件。

2）外协看板

定义：外协看板是针对外部的协作厂家所使用的看板。它必须记载进货单位的名称和进货时间、每次进货的数量等信息。外协看板与工序内看板的功能类似，可将供应商当作前工序，通过外协看板，从最后一道工序慢慢往前拉动，直至供应商。因此，有时候企业会要求供应商也推行准时化生产。

3）工序内看板

定义：工序内看板是指某工序进行加工时所用的看板。这种看板用于装配线以及即使生产多种产品也不需要实质性的作业更换时间（作业更换时间接近于零）的工序，例如机加工工序等。

使用方法：工序内看板的使用方法中最重要的一点是看板必须随实物，即与产品一起移动。后工序的作业人员来领取中间品时摘下挂在产品上的工序内看板，然后挂上领取用的工序内看板。然后按照看板被摘下的顺序以及这些看板所表示的数量进行生产，如果摘下的看板数量变为零，则停止生产，这样既不会延误，也不会产生过量的存储。

4）信号看板

定义：信号看板是在不得不进行成批生产的工序之间所使用的看板。例如树脂成形工序、模锻工序等。从零部件出库到生产工序，也可利用信号看板来进行指示配送。

使用方法：将信号看板挂在成批制作出的产品上面。如果该批产品的数量减少到基准数时就摘下看板，将看板送回生产工序，然后生产工序的作业人员按照该看板的指示开始生产。没有摘牌则说明数量足够，不需要再生产。

5）临时看板

定义：临时看板是在进行设备保全、设备维修、临时任务或者需要加班生产的时候所使用的看板。与其他种类的看板相比，临时看板主要是为了完成非计划内的生产或设备维护等任务，因而灵活性比较大。

使用方法：临时看板由相关部门主管授权，看板的内容、形式、放置场所、数量等受到严格控制，使用完毕后应立即回收。

5. 看板数量的计算

看板数量可以根据产品的平均日需求量、生产周期、生产批量和安全库存等得出，它的计算公式为：

$$N=\frac{\overline{D}L(1+\alpha)}{C}$$

其中，N 表示看板数量，$\overline{D}$ 表示零件的平均日需求量，L 表示生产过程时间（由加工时间、等待时间、运输时间、看板回收时间等构成），α 表示安全系数（考虑设备故障、来料异常、质量问题等异常情况而设置的安全库存），C 表示包装容量。

例如：某零件的每日需求量为 3 000 个，每箱零件容量为 20 个，每箱零件需要的加工时间为 0.04 天，运输需要为 0.02 天，看板回收时间为 0.01 天，等待需要 0.03 天，假设安全库存为需求量的 10%，则看板数量是多少？

根据公式，$\overline{D}=3\,000$，$L=0.04+0.02+0.01+0.03=0.1$，$\alpha=10\%$，$C=20$，则看板数量的计算过程为：

$$N=\frac{\overline{D}L(1+\alpha)}{C}=\frac{3\,000\times0.1\times1.1}{20}=16.5\approx17$$

因此，该零件的看板数量是 17 张。

五、升级训练

生产情境：在某零部件加工车间，需要加工 A 零件。该零件的加工工艺为磨削作业、机加作业、钻孔作业、质检。其涉及的设备及加工时间见表 7-2，现场布局见图 7-7。

表 7-2 情境数据信息表

工艺过程	磨削	机加	钻孔	质检
加工时间（秒）	33	23	21	12
设备	磨床	车床	钻床	质检台
设备数量（台）	2	1	1	1

在这样的情况下，运行一段时间后，现场堆积了很多在制品，这使得公司增加了库存负担。假设每个工序每小时对零件的需求量为 200 件，每个包装容器能够放置 30 件，除了加工时间外，看板回收时间为 0.5 小时，运输时间为 0.5 小时，安全库存为需求量的 10%，请根据所学知识和所给条件完成该车间的拉动式生产设计任务。

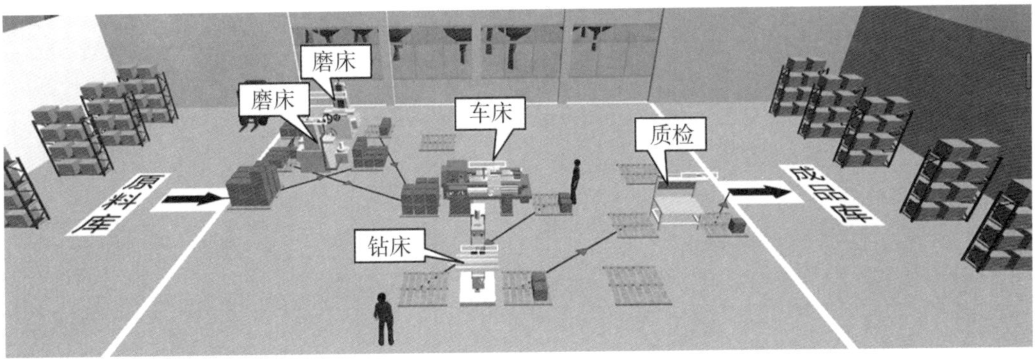

图 7－7　某零部件加工车间布局示意图

(一) 任务名称

本任务的名称:某零部件加工车间拉动式生产设计任务。

(二) 任务要求

(1) 个人独立完成任务。

(2) 根据所给材料,判断现场会在哪个工序产生较多在制品。

(3) 为了减少在制品,判断在哪两个工序间设置看板拉动模式比较适宜。

(4) 计算设置看板拉动环节的看板数量。

(三) 任务工具

价值流程图。

(四) 任务流程

(1) 根据所给的情境资料,指出产生较多在制品的工序,填写格式为:“××工序”与“××工序”之间会产生较多在制品。

(2) 确定设置看板拉动生产的节点位置后,绘制设置拉动生产模式后的价值流程图,请正确使用价值流程图标完成绘图。

(3) 根据所给材料,列式计算看板数量。

(五) 任务成果

任务成果为某零部件加工车间拉动式生产分析表(见表 7－3)。

表 7－3　某零部件加工车间拉动式生产分析表

<table>
<tr><td colspan="2">姓名:
学号:</td></tr>
<tr><td>产生较多在制品的工序</td><td></td></tr>
<tr><td>绘制设置拉动生产模式后的价值流程图</td><td></td></tr>
</table>

（续表）

看板拉动环节的看板数量（需列出计算过程）	

六、任务评价

评价项目	评价标准	评价依据	总分（分）	评价方式			评分（分）
				自评	小组评价	教师评价	
				20%	30%	50%	
职业素养	1. 遵守课堂纪律 2. 学习积极主动 3. 具有团队合作精神	1. 考勤 2. 学习态度 3. 课堂回答问题与互动情况	30				
专业能力	1. 根据纸飞机的拉动式生产任务要求完成，并填写在制品数量 2. 分析成效并对模式进行总结	纸飞机生产线拉动式生产分析表	30				
	1. 根据"生产情境"，分析产生较多在制品的工序 2. 绘制设置拉动生产模式后的价值流程图 3. 计算看板数量	某零部件加工车间拉动式生产分析表	40				
总计			100				

七、自测习题

1. 不定项选择题

(1) 看板的作用不包括(　　)。

A. 传递信息，统一认识　　B. 帮助管理，防微杜渐

C. 保证现场的标准操作，形成改善意识　　D. 以上都不对

(2) JIT 通常翻译为(　　)。

A. 准时化生产　　B. 及时化生产

C. 刚好生产　　D. 准量方式

(3) 拉动式生产是按(　　)的数量来管理生产和发运的补料系统。

A. 计划　　B. 班长要求

C. 消耗　　D. 供应距离

(4) JIT 的目标是(　　)。

A. 彻底消除无效劳动所造成的浪费

B. 坚决拒绝生产过程中的在制品

C. 彻底清除无效劳动造成的不良品

D. 大量推销社会所需的产品

(5) 实施准时化生产的基础保障包括(　　)。

A. 建立均衡化生产　　B. 减少人员流动

C. 建立标准化管理　　D. 实施单件流

2. 判断题

(1) 生产及取料指令是看板最基本的功能。(　　)

(2) 拉动式生产是按照 MRP 的计算逻辑，各生产环节都是按照公司规定的生产计划进行生产的。(　　)

(3) 看板是管理可视化的一种表现形式，即将数据、情报等的状况一目了然地表现出来，主要是对管理项目，特别是情报进行的透明化管理活动。(　　)

(4) 拉动式生产有很多优势，因此所有企业都适用该方式。(　　)

任务八

稳步前进的“阶梯”
——标准化作业

一、任务学习目标

（一）知识目标

（1）理解标准化的含义。

（2）理解标准化作业的作用与意义。

（二）能力目标

（1）能够根据任务要求制作简单的标准化作业操作单。

（2）能够应用所制作的标准化作业操作单完成培训。

（三）素质目标

（1）有良好的组织纪律性，具有团队合作精神。

（2）培养一丝不苟的敬业精神。

（四）任务导图

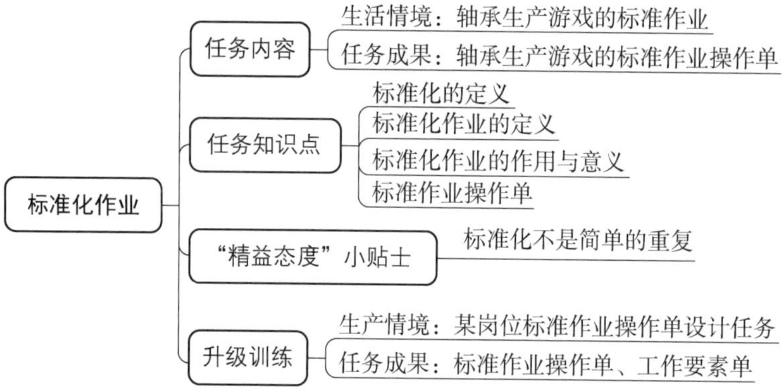

二、任务情境

生活情境：生产管理需要掌握节拍，而节拍需要实现现场作业的标准化。现在，我们应用彩色小木棒及其他材料来模拟某种轴承的生产过程，根据标准作业操作的特点及要求，制订一份简单的“标准作业操作单”。同时，要与组员相互交换制作的“标准作业操作单”，根据

“标准作业操作单”的描述完成轴承制作，检验其有效性。同时，学生能够在实施标准化的过程中，提出改善措施。

三、任务内容

（一）任务名称

本任务的名称：轴承生产游戏的标准作业。

（二）任务要求

（1）由 6 人组成小组，分别担任配送员、1 号岗位操作员、2 号岗位操作员、包装员、质检员、计时员。

（2）根据游戏规则完成游戏，记录完成标准作业操作单的要素要求，完成 1 号岗位、2 号岗位、包装岗位的标准作业操作单。

（3）小组成员之间相互检验是否能按照标准作业操作单完成岗位工作。

（4）根据操作过程，分析存在的问题，提出各岗位的改善措施。

（三）任务工具

材料工具：彩色木棒 1 桶、彩色橡皮筋 1 桶、黑色橡皮筋 1 桶、大号橡皮筋 30 根、美纹胶带 1 卷、黑色签字笔 1 支、尺子 2 把、计时器 3 个。材料工具示意图见图 8－1。

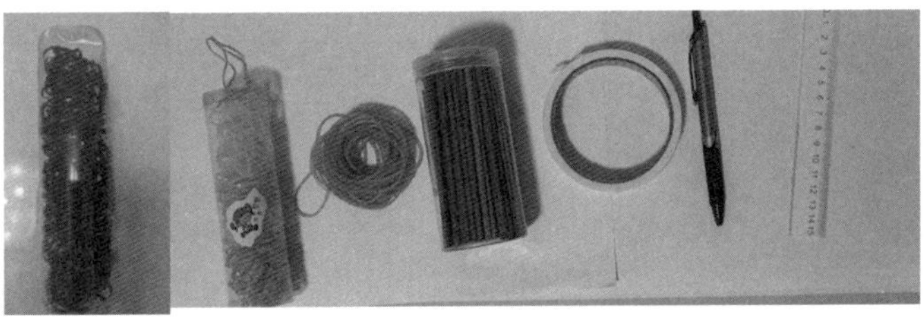

图 8－1　游戏材料工具示意图

（四）任务流程

（1）物料准备：配送员根据生产任务准备各工序所需物料。

（2）操作员与包装人员按以下规则完成，轴承生产游戏规则示意图见图 8－2。

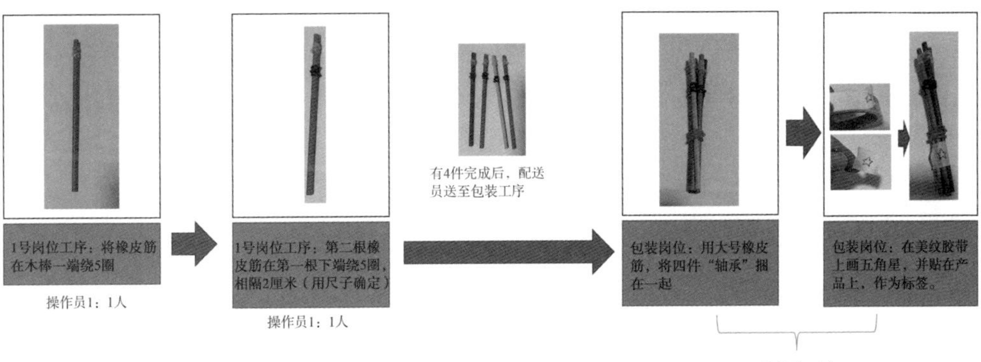

图 8－2　轴承生产游戏规则示意图

① 1 号岗位操作员将第一根橡皮筋在木棒的一端绕 5 圈。

② 2 号岗位操作员将第二根橡皮筋在第一根橡皮筋下绕 5 圈，两根橡皮筋之间间隔 2 厘米。

③ 配送员在指定配置的 4 件轴承完成后，将其配送至包装岗位工序。

④ 包装岗位需完成两个工作：用大号橡皮筋将 4 件轴承捆绑在一起；在美纹胶上绘制五角星，并贴在捆绑好的产品上，作为品牌标签。

(3) 计时员需对 1 号岗位工序、2 号岗位工序、包装岗位工序的完成时间进行计时。

(4) 仔细研究各岗位的操作过程，并将其分解为 4—6 个主要步骤，并填写至表格中的“工作要素”一列。

(5) (选填)拍照记录每个工作要素的完成状态，插入“作业示意图”。

(6) 测算每一工作要素的操作时间，填入表格中的“时间”这一列。

(7) (选填)分析完成每一工作要素的增值时间与非增值时间。

(8) 将各项工作要素的操作时间相加，并将结果填入“周期时间 CT”一栏。

(9) 完成后，小组成员之间相互交换标准作业操作单，并保证能够按照标准作业操作单完成操作。

(10) 操作工填写自己的姓名，审核人员填写并验证标准作业操作单中的组员姓名。

(五) 任务成果

任务成果为轴承生产游戏的标准作业操作单(见表 8 - 1)。

表 8 - 1　轴承生产游戏的标准作业操作单

<table>
<tr><td colspan="5" rowspan="3">标准作业操作单</td><td>安全</td><td>关键特性</td><td>看</td></tr>
<tr><td>✚</td><td>C</td><td>LT</td></tr>
<tr><td>推拉</td><td>工具</td><td>听</td></tr>
<tr><td colspan="2">* 小组名称</td><td></td><td>* 岗位名称</td><td></td><td>PP</td><td>TG</td><td>FL</td></tr>
<tr><td>重要度</td><td>* 序号</td><td colspan="2">* 工作要素</td><td>* 时间</td><td colspan="3">作业示意图</td></tr>
<tr><td></td><td></td><td colspan="2"></td><td></td><td colspan="3"></td></tr>
<tr><td></td><td></td><td colspan="2"></td><td></td><td colspan="3"></td></tr>
<tr><td></td><td></td><td colspan="2"></td><td></td><td colspan="3"></td></tr>
<tr><td></td><td></td><td colspan="2"></td><td></td><td colspan="3"></td></tr>
<tr><td></td><td></td><td colspan="2"></td><td></td><td colspan="3"></td></tr>
<tr><td></td><td></td><td colspan="2"></td><td></td><td colspan="3"></td></tr>
<tr><td></td><td></td><td colspan="2"></td><td></td><td colspan="3"></td></tr>
<tr><td colspan="2">增值时间</td><td colspan="2"></td><td>* 操作工</td><td colspan="3"></td></tr>
<tr><td colspan="2">非增值时间</td><td colspan="2"></td><td>组长</td><td colspan="3"></td></tr>
<tr><td colspan="2">* 周期时间 CT</td><td colspan="2"></td><td>* 审核人员</td><td colspan="3">签名：
日期：</td></tr>
<tr><td colspan="2">问题记录</td><td colspan="2"></td><td>改善措施</td><td colspan="3"></td></tr>
</table>

注：表格中标有“ * ”的为本次任务的必填项。

四、任务知识点

(一) 标准化的定义

标准化是在企业内制定相关术语、原则、方法以及流程的一个动态过程。所谓作业标准化，就是对在作业系统调查分析的基础上，将现行作业方法的每一操作程序和每一动作进行分解，以科学技术、规章制度和实践经验为依据，以安全、质量效益为目标，对作业过程进行改善，从而形成一种优化作业程序，逐步达到安全、准确、高效、省力的作业效果。创新改善与标准化是企业提升管理水平的两大轮子。改善创新是使企业管理水平不断提升的驱动力，而标准化则是防止企业管理水平下滑的制动力。没有实现标准化，企业不可能维持在较高的管理水平。“无标准化”与“有标准化”对企业持续改善效果的示意图见图 8－3。

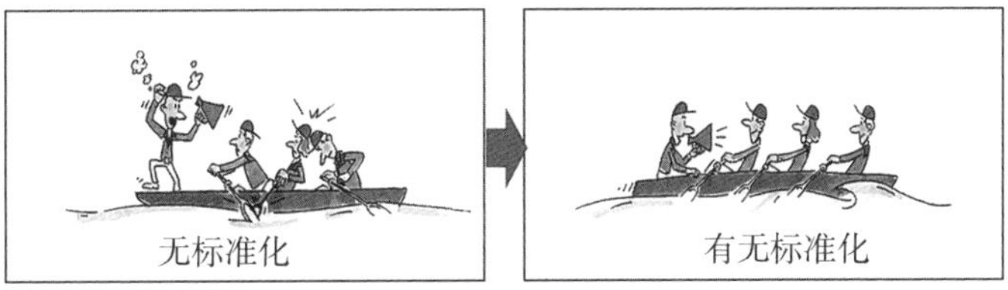

图 8－3　“无标准化”与“有标准化”对企业持续改善效果的示意图

(二) 标准化作业的定义

标准化作业是成文的、当前最佳的、安全有效地完成工作的方法，以使作业达到必要的质量水准。标准化作业定义示意图见图 8－4。

（1）成文的：它是指要将标准写成文字，并张贴在工作场地。如果不成文、不通报，也就无法遵循，因而就不能成为标准。

（2）当前最佳的：“当前”体现了时效性，是对目前最佳实践的总结。“最佳”是指在时间、安全、质量、成本上均为最佳。当企业制定一项标准之后，在不断改进的过程中，当前的标准可能会有改变。标准不是用来禁锢企业的，而是在帮助企业进步。标准化工作文件可以通过不断改进中的受控过程进行更改。所以标准化工作文件是确定的，但不是静止不变的。

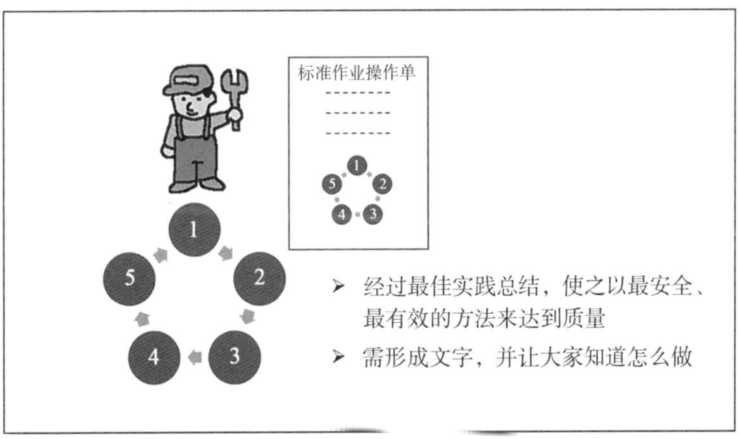

图 8－4　标准化作业定义示意图

一般情况下，标准化主要用于有可定义的、重复性的工艺中。完成任何一种工作都有标准方法，即使我们会认为是无法预测的或非正常的情况，例如出现问题或需要修理的情况，都是可以按照标准化的方法应对的。

（三）标准化作业的作用与意义

(1) 它是开展持续改进的客观依据，是企业实现稳定发展的基础。

(2) 它便于操作，并保证必要的质量水平。

(3) 它是用于培训员工的最好教材。

标准化与企业持续改进的关系见图 8－5，它体现了两个重要概念：①变化产生不稳定状态，甚至会引起暂时下降的结果。除非通过标准化加以稳定，否则我们将不知道变化是否带来改进。②在改进之前，我们必须有一个稳定的状态。标准化工作正是使操作稳定的方法。

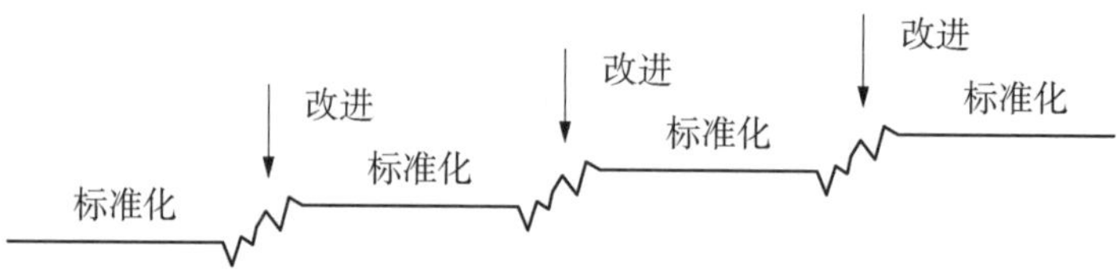

图 8－5　标准化与企业持续改进的关系

没有实现标准化也可以改进，但这不是我们向往的持续改进。没有标准化作为基础的改进是偶然的，不仅如此，如果不将这种改进转变为标准化作业，可能又会前功尽弃。没有实现标准化，我们不可能取得不断的改进。标准化是改进的基线，标准化工作则是标准化和稳定性的基本方法。

（四）标准作业操作单

1. 定义

标准作业操作单(standard operation sheet，简称 SOS)是达成以当前最少的浪费来制造高质量产品的一种最安全有效的工具。它是把最佳工序的工作流程标准化的文档，内容包括所需的人员、工具、设备、时间和方法等信息。图 8－6 展示的是动态标准作业操作单的样式。

与标准作业操作单配套的文件有工作要素单、物料数据清单等。其中工作要素单是对应标准作业操作单每个工作要素的具体操作的描述，包括示意图、主要步骤、关键点和原因等，描述完成每一个动作要素的操作步骤，细化标准化操作。

2. 主要内容

(1) 工作要素。工作要素是指在这个工位上要完成的所有工作。图 8－6 是用于装配木模车的某个工位上的标准作业操作单，该标准作业操作单表示在工位 GA－03L 上需要完成三个工作，分别是制动器装配、挡位控制器装配、手刹装配。

(2) 时间。它表示每一个工作要素的标准操作时间。该时间是根据实际操作，通过科学的时间测量与运算确定的，时间测量的方法具体可查阅工业工程中时间研究的有关内容，在此不做详解。工作要素和时间是制作标准化作业操作单的最重要的内容。

(3) 起始与结束。它是指要素何时开始、何时结束的计时信号。如以听到某种声音信号、看操作工拿起工具或触到零件为开始计时或结束计时的时间点。

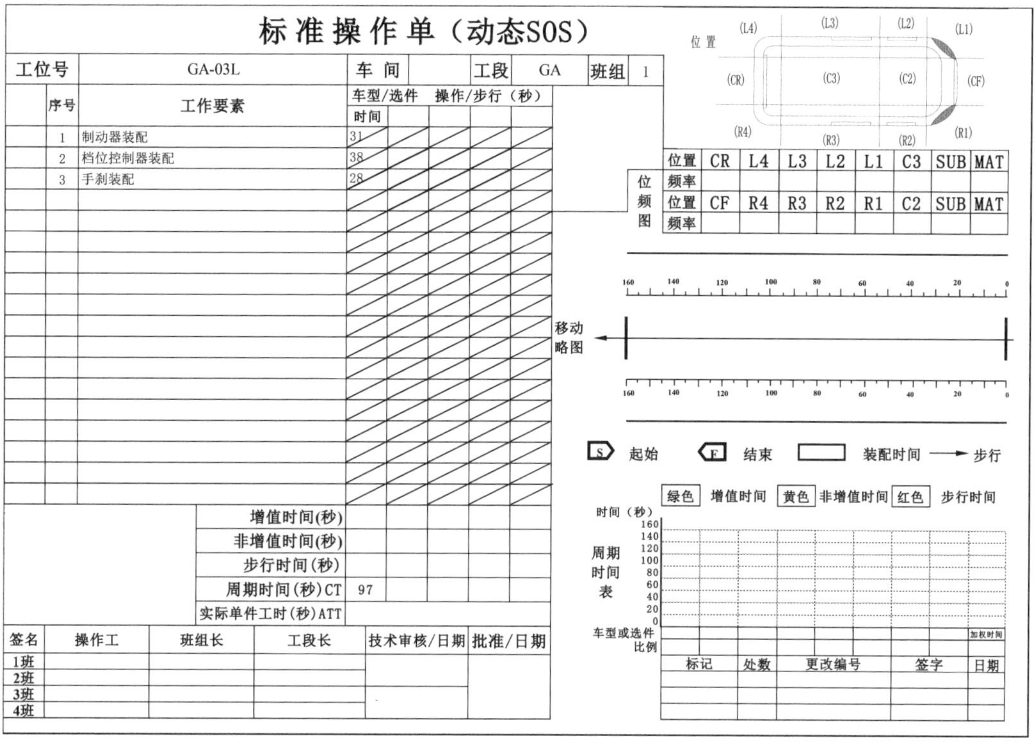

图 8-6　标准化作业操作单示意图

(4) 周期时间表。它用于分析每个工位上的增值与非增值时间，有助于不断改进工作。

企业可根据自身情况设计符合使用需求的标准化操作单的格式，其格式不做统一要求。

3. 工作要素单

在制作标准化作业操作单前，需要确定的就是每一个工作要素的操作方法。在汇集工作要素单后，确定标准化作业操作单。因此，一个工位上有多少个工作要素，就会有多少份工作要素单。标准作业操作单与工作要素单的相互关系见图 8-7。以图 8-6 为例，该标准化作业操作单应配套有 3 份工作要素单，与其对应的工作要素单见图 8-8 至图 8-10。

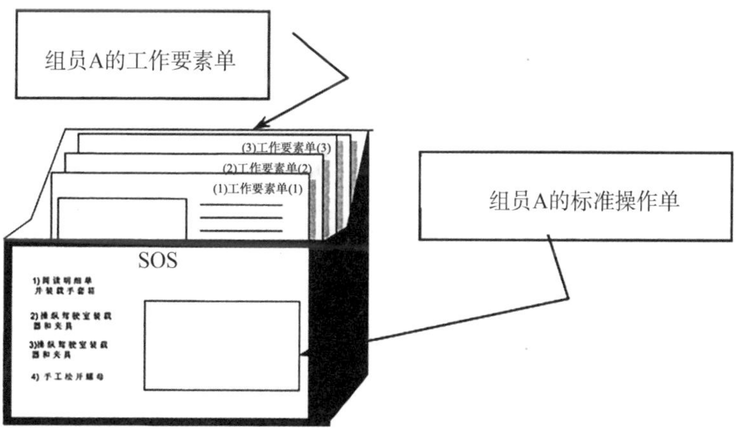

图 8-7　标准化作业操作单与工作要素单的关系

工作要素单

安全	关键	推拉	工具	看	听	触摸	基本	选件	车型	版本号
✚	C	PP	TG	LT	FL	F	○	□		

工位号	GA-03L		
要素序号	1	要素名称	制动器装配

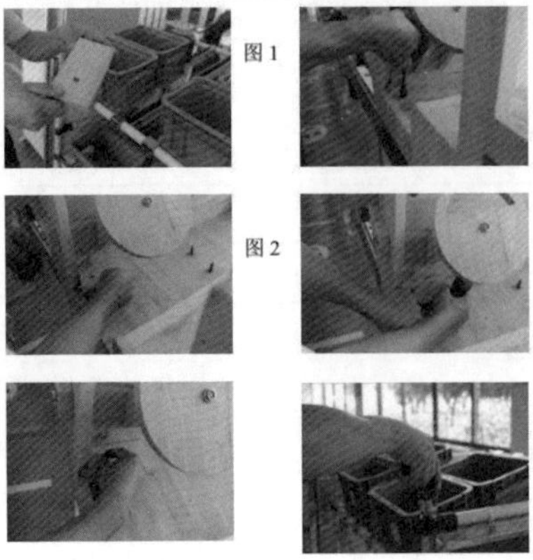

图1 图2 图3 图4 图5 图6

重要度	序号	主要步骤	要点	原因
	1	拿取制动器，检查尺寸正确，表面平滑（图1）		
	2	将制动器安装到车身内方向盘下部安装位（图2）		
	3	拿取1颗螺母，每颗预拧3次（图3）		
	4	拿取电动工具拧紧1颗螺母（图4）		
	5	检查制动器是否安装到位（图5）	制动器卡到位，无松动	
	6	将电动工具放回定置处（图6）		

安全(质量)事故记录	日期	说明

签名	操作工	班组长	工段长	技术审核日期	批准/日期
1班					
2班					
3班					
4班					

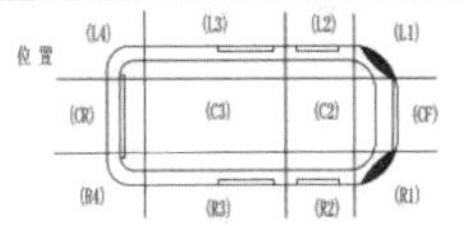

要素时间	增值时间	非增值时间	步行时间
31			

标记	处数	更改编号	签名	日期

图8-8　工作要素单1示意图

工作要素单

安全	关键	推拉	工具	看	听	触摸	基本	选件	车型	版本号
✚	C	PP	TG	LT	FL	F	○	□		

工位号	GA-03L		
要素序号	2	要素名称	档位控制器装配

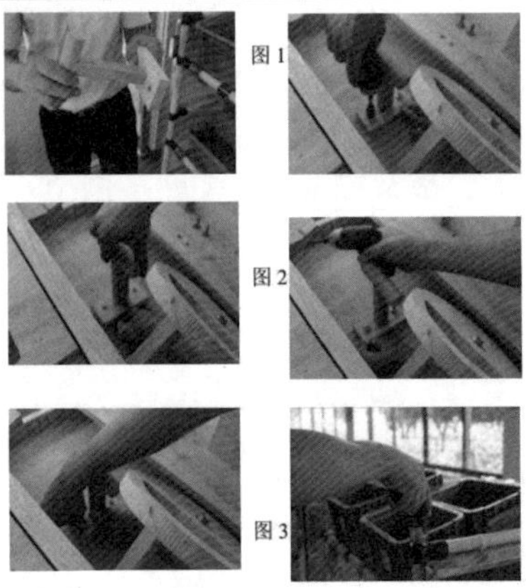

图1 图2 图3 图4 图5 图6

重要度	序号	主要步骤	要点	原因
	1	拿取档位控制器，检查尺寸正确，表面平滑（图1）		
	2	将档位控制器安装到车身内方向盘下部安装位（图2）		
	3	拿取2颗螺母，每颗预拧3次（图3）		
	4	拿取电动工具拧紧2颗螺母(图4)		
	5	检查档位控制器是否安装到位（图5）	螺母必须打平，档位控制器无松动	
	6	将电动工具放回定置处（图6）		

安全(质量)事故记录	日期	说明

签名	操作工	班组长	工段长	技术审核日期	批准/日期
1班					
2班					
3班					
4班					

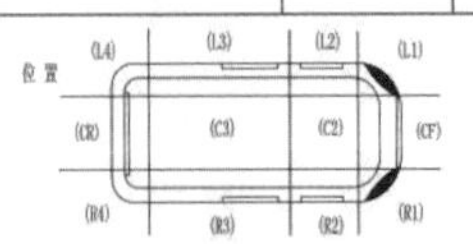

要素时间	增值时间	非增值时间	步行时间
38			

标记	处数	更改编号	签名	日期

图8-9　工作要素单2示意图

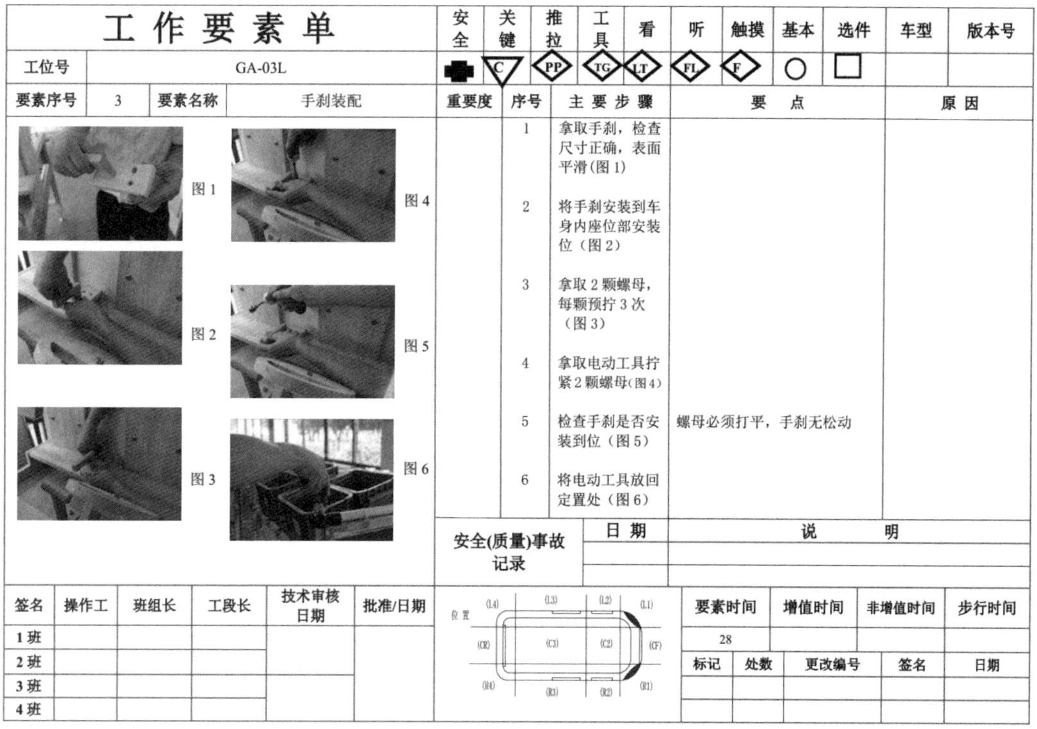

图8-10　工作要素单3示意图

工作要素单是对标准化操作单的详细说明。以图8-8为例，该工作要素单是对工位GA-03L上第一个工作要素制动器装配的说明，即解说如何装配制动器。它表明了装配制动器需要5个步骤，每个步骤的要点是什么，以及为什么要这么做。

企业可根据自身情况设计符合使用需求的工作要素单的格式，其格式不做统一要求。

4. 标准化作业操作单常用符号的定义

在标准化作业操作单、工作要素单中，常用的符号有"安全""关键要素""质量检查"等，用以直观地识别出与安全或质量有直接联系的主要步骤。一般情况下，符号的决定由质量保证部门或安全工程师做出。

""——它表示"安全"，即操作工需要有安全设备。操作工在准备其工作时要特别小心。

""——它表示"关键要素"，是指对产品的安全或最终用户功能具有关键意义的操作。例如汽车的紧固制动管路、转向系统、球节、安全带地脚螺栓，及其他有扭矩要求或法定要求的操作。

""——它表示"质量检查"，即对该步骤进行某种质量检查。质量检查可分为以下几种。

(1) 推—拉(push-pull，简写为PP)；

(2) 功能—监听(function-listen，简写为FL)；

(3) 目检(look-touch,简写为 LT);

(4) 测试设备/量具(test equipment/gauge,简写为 TE/TG)。

5. 标准作业操作单的制作

标准化操作单(SOS)是组员工作的基本文件。它分为动态 SOS、静态 SOS。动态 SOS 用来规定在以传送带为基础的动态线上工作的操作工标准化工作;静态 SOS 规定了除在动态外的工人标准化工作,如冲压、车身、切削等。

不同行业的企业,标准作业操作单的样式有所区别,可根据实际应用进行调整。下面以某汽车企业的动态 SOS 为例(见图 8-11),说明标准作业操作单的制作。

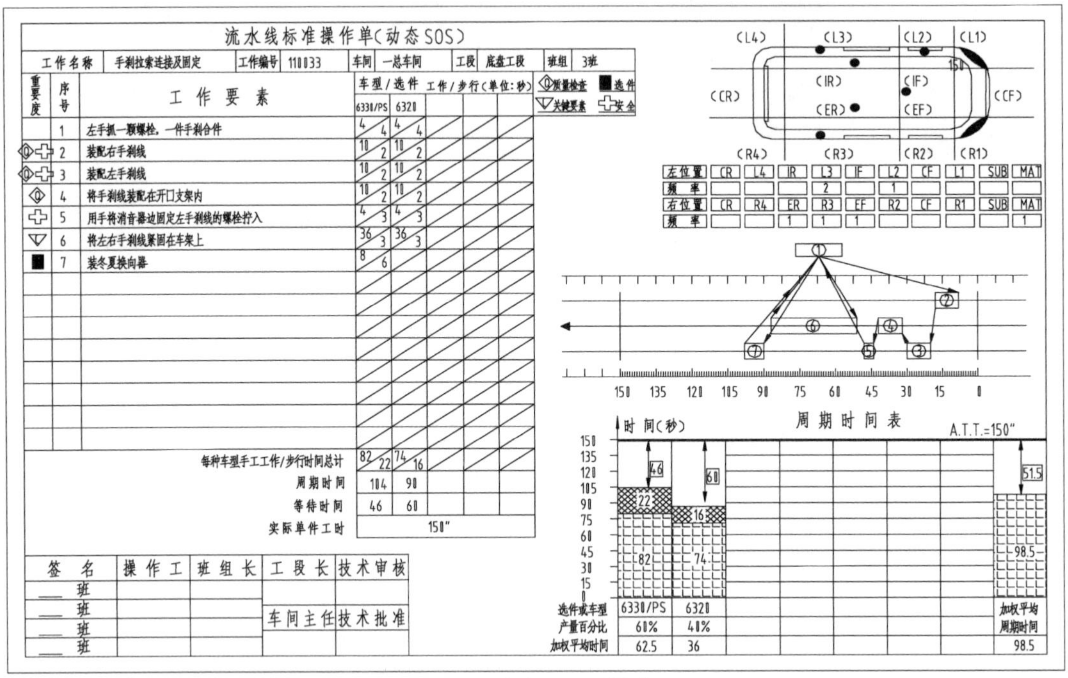

图 8-11 动态 SOS 样式

(1) 列出要素与时间(见图 8-12),主要包括:

① 按顺序列出要素。

② 注明符号。

③ 如果是混线生产,在记录时间栏的左上方,按品种或型号列出时间测量单中的要素时间。

④ 如果是混线生产,在记录时间栏的右下方,按品种或型号列出时间测量单中的步行时间,以标记分开两个要素的步行时间。

⑤ 记录实际单件工时。

(2) 制作移动略图的步骤(见图 8-13),主要包括:

① 标出定位站。地板上的标记代表定位站的起点。定位站标记之间的区域也可看成单个工作区域或一个节距。

② 标出起止点。起止点之间的区域也叫作工作区,用于规定操作工开始工作、结束工

工作名称	手刹拉索连接及固定	工作编号	110033	车间	一总车间	工段	底盘工段	班组	3班

重要度	序号	工作要素	车型/选件 工作/步行(单位:秒)					Q质量检查 ■选件 ▽关键要素 十安全
			6330/PS	6320				
	1	左手抓一颗螺栓，一件手刹合件	4/4	4/4				
Q十	2	装配右手刹线	10/2	10/2				
Q十	3	装配左手刹线	10/2	10/2				
Q	4	将手刹线装配在开口支架内	10/2	10/2				
十	5	用手将消音器边固定左手刹线的螺栓拧入	4/3	4/3				
▽	6	将左右手刹线紧固在车架上	36/3	36/3				
■	7	装冬夏换向器	8/6					
		每种车型手工工作/步行时间总计	82/22	74/16				
		周期时间	104	90				
		等待时间	46	60				
		实际单件工时	150″					

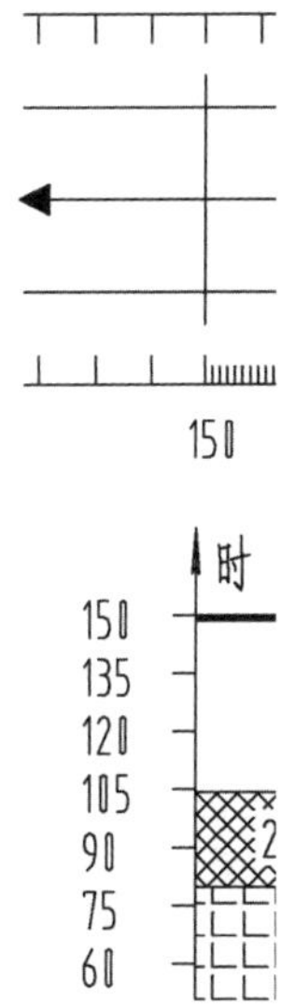

图 8－12　要素与时间部分图

作的区域范围。起止点是管理层监察操作工执行工作的良好工具。

③ 标出物料储备或固定设备。

④ 绘制工人移动略图，主要的绘制要点为：将定位站的长度等分为实际单件工时的份数。它表示每秒钟移动一份长度距离；每个要素有一条开始线和结束线，连成矩形表示操作此要素时流水线移动的距离；在矩形框内标出要素序号；用带箭头的实线连接各要素。

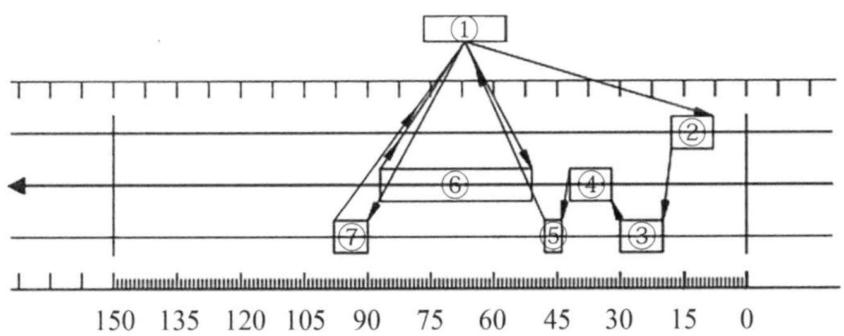

图 8－13　移动略图样式

(3) 填写位置频率图表(见图 8-14)。它是指记录一项特定工作所需的工作位置次数(增值的)。这样做的目的是迅速了解操作工在汽车的哪个部位工作和有多少不同的位置。非增值工作在图表中不做记录。本图表应包括每一种要素。

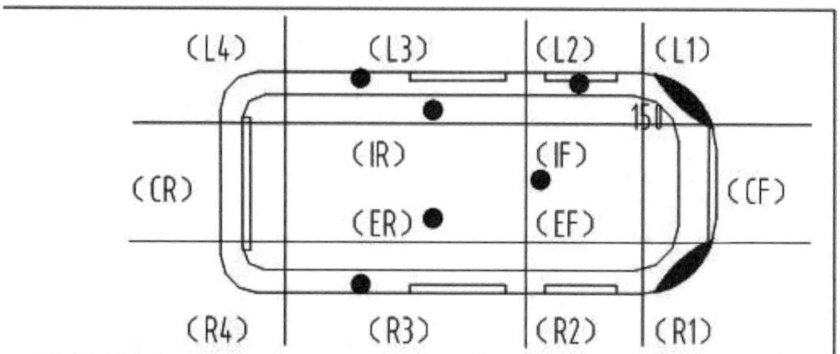

左位置	CR	L4	IR	L3	IF	L2	CF	L1	SUB	MAT
频　率				2		1				
右位置	CR	R4	ER	R3	EF	R2	CF	R1	SUB	MAT
频　率			1	1	1					1

图 8-14　位置频率图表样式

(4) 制作周期时间表(见图 8-15)。本图需要将 ATT、CT、增值与非增值时间表示出来,可表现工作平衡状况,有助于不断改进工作。

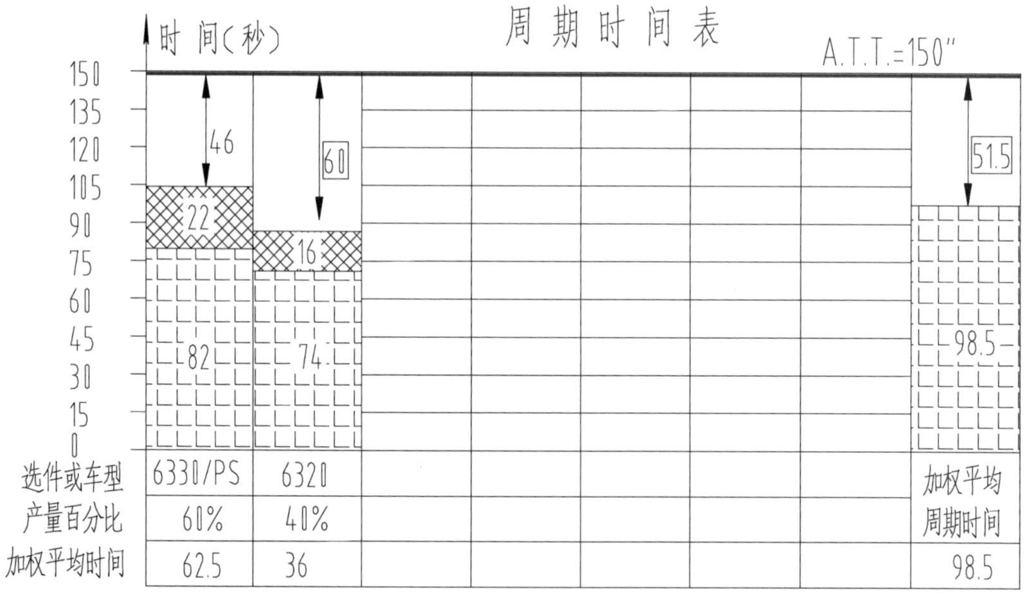

图 8-15　周期时间表样式

(5) 填写签字栏(见图 8-16)。签字栏是各班组标准化的重要保证,由操作工、班组长、工段长、技术人员、技术组长、车间主任签名。

签　名	操作工	班组长	工段长	技术审核
___班				
___班			车间主任	技术批准
___班				
___班				

图 8－16　签字栏样式

6. 标准化作业有效性的保证

标准化是为了让企业能够高效地完成工作，因此必须保证标准化作业的有效性。其方法主要有以下几个。

(1) 建立标准(见图 8－17)。标准的建立需遵循全员参与、所有问题由讨论决定、追求统一性的原则。

全员参与	所有问题讨论决定	追求统一性
➤ 岗位所有员工	➤ 收集意见	➤ 文件版面统一
➤ 车间主管	➤ 组织讨论	➤ 共同的语言
➤ 技术员	➤ 现场验证	➤ 操作方法
➤ 带教师傅		➤ 工艺执行

图 8－17　建立标准的原则

(2) 学习标准—现场带教(见图 8－18)。现场带教主要有“我讲给你听”“我做给你看”“你讲给我听”“你做给我评”四个环节。

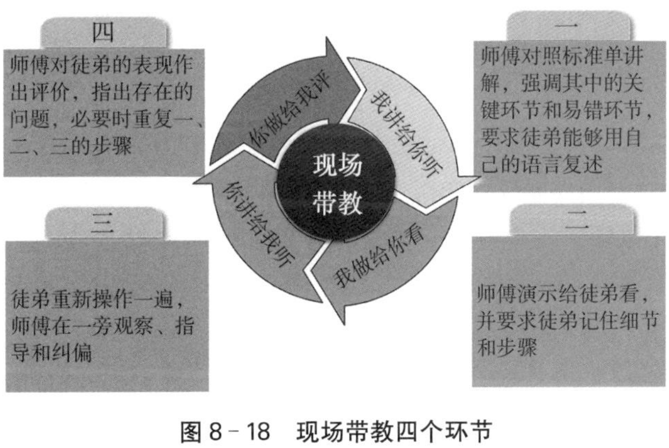

图 8－18　现场带教四个环节

(3) 执行标准(见图 8－19)。在执行过程中记录问题，为后期持续改进提供依据。

(4) 持续改善标准(见图 8－20)。根据执行过程，发现问题、分析问题，并进行改善与验证，从而形成新的标准。

图 8－19　标准执行过程

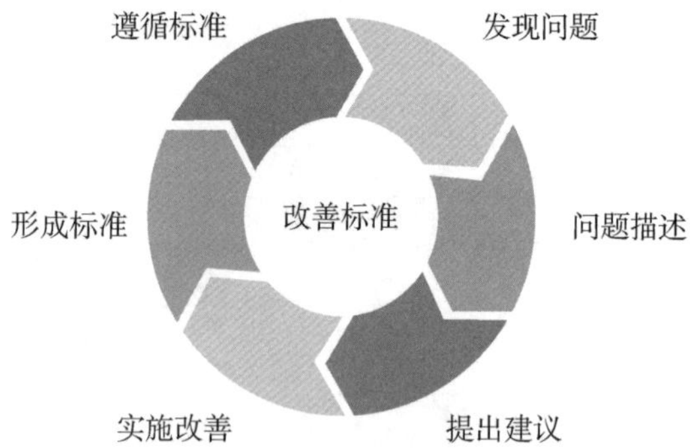

图 8－20　持续改善标准

"精益态度"小贴士

标准化不是简单的重复

标准化主要应用于那些可定义的、可重复性的活动过程，是经过每一位在不同岗位上的技术工人刻苦钻研、辛勤付出、努力研究后，确定的在质量、安全、效率各方面均为最佳的方法。按标准执行，才能保证"质量是制造出来的"。很多人认为标准化是一项务虚而烦琐的制度和规范，传统的观念扼杀了许多企业建立标准化和形成标准化的机会。标准化管理的内涵非常深刻，标准的背后包含着"共同的目的、共同的原则、同样的方法、同样的过程"。标准化是专业专注的体现，是工作慎重、认真负责的体现。但要注意的是标准作业也不是僵化的、一成不变的，而是积极创新、追求精益求精的过程，标准化始终在改善的路上。

拓展学习

标准时间测量

在标准作业操作单中，每个工作要素的完成时间都需要经过时间测定与研究，结合环境、人员的熟练程度等设置宽放，经过科学换算而得，以保证标准化作业时间的准确性及适用性。我们将以设计最佳工作方法为目的对作业动作和时间进行的测定和研究称为时间研究。时间研究的主要技术有：秒表法、工作取样、预定时间系统、标准数据系统。我们将以秒表法为例，介绍其在标准时间测量中的应用。

(一) 秒表法的使用工具

采用秒表法测量标准时间，使用到的工具主要有秒表、观测板、测时表格、铅笔、计算尺、测量距离和速度的仪器。在测量标准时间时，需记录具体测试的操作步骤、使用的工具、每次测量时间、加工数量等。将这些信息记录到时间测量记录表中，如表 8－2 所示。技术人员根据测量时间进行数据处理及宽放分析，才能确定最终的标准时间。

表 8－2 时间测量记录表样式

________时间量测记录表												
日期		时间			操作员				观测员			
NO.	操作步骤	工具	备注	1	2	3	4	5	6	加工数	观测时间	标准时间（加宽放）

（二）秒表法的观测要求

（1）为了表示对操作者的尊重，观测者应站着进行观测。

（2）为了不影响操作者的操作，在允许的情况下观测者应站在操作者斜前方 2 米的位置进行观测。

（3）将观测夹板放在左臂、左腕与左胸之间，左手拿秒表。观测者的视线、秒表及操作者的动作最好保持在一条直线上。

（三）秒表法的测量步骤

秒表法测量步骤主要有七个步骤（见图 8－21）。

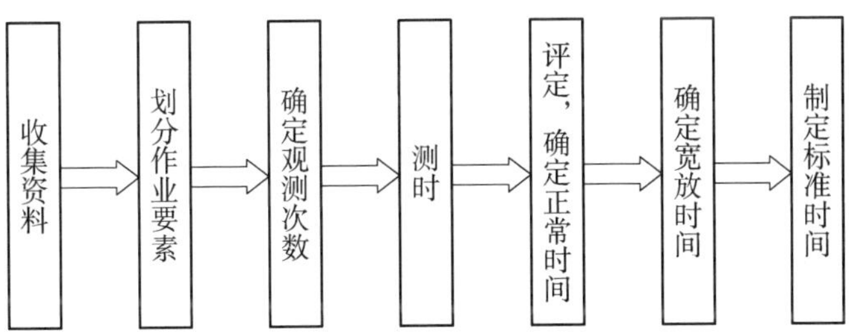

图 8－21 秒表法测量步骤

（1）收集资料。包括测量对象的操作步骤、工艺要求、环境、工具、作业姿势等。

（2）划分作业要素。将测量对象的工作内容划分为非常具体的工作要素。

（3）确定观测次数。根据测量对象的工序周期时间或公式计算结果，确定观测次数。

(4) 测时。根据观测要求,完成测时,并记录在时间测量记录表中。

(5) 评定,确定正常时间。对所测量的时间进行分析,剔除异常值,确定正常时间。

(6) 确定宽放时间。从各项因素确定评定系数与宽放率,确定宽放时间。

(7) 制定标准时间。结合宽放时间、正常时间,根据公式制定标准时间。

(四) 秒表法观测次数

在时间测量时,测量次数不必过多,以免浪费时间,但是又要符合可靠性的要求,因而可根据工序周期时间或者公式计算确定观测次数。

1. 根据工序周期时间确定观测次数

对于要求精度不高的加工工序,可根据工序周期时间确定观测次数,观测次数参考表见表 8-3。

表 8-3 秒表法观测次数参考表

工序周期时间(分钟)	观测次数(次)	工序周期时间(分钟)	观测次数(次)
40 以上	3	0.75~1	30
20~40	5	0.5~0.75	40
10~20	8	0.25~0.5	60
5~10	10	0.1~0.25	100
2~5	15	0.1 以下	200
1~2	20		

2. 通过公式计算确定观测次数

观测次数除了可从表 8-3 查得外,对于要求精度较高的加工工序,还可用公式计算得出。

(1) 当允许误差为±5%,置信度(可靠度)为 95%时,观测次数为:

$$N=\left[\frac{40\sqrt{n\sum x_i^2-(\sum x_i)^2}}{\sum x_i}\right]^2$$

(2) 当允许误差为±10%,置信度(可靠度)为 95%时,观测次数为:

$$N=\left[\frac{20\sqrt{n\sum x_i^2-(\sum x_i)^2}}{\sum x_i}\right]^2$$

式中,N 表示观测次数,n 表示预先试观测的次数,x_i 表示第 i 次试观测的时间值。

(五) 剔除测量异常值

设对某一操作单元观测 n 次,所得时间为:

$$\overline{X}=\frac{x_1+x_2+x_3+\cdots+x_n}{n}=\frac{\sum x_i}{n}$$

标准差为:

$$\sigma=\sqrt{\frac{(x_1-\overline{x})^2+(x_2-\overline{x})^2+\cdots(x_n-\overline{x})^2}{n}}$$

$$=\sqrt{\frac{\sum(x_i-\overline{x})^2}{n}}$$

正常值为 $\overline{X}\pm 3\sigma$ 内的值，超过者为异常值，应该剔除，并补充测量。

（六）观测时间的处理

现场观测得到的时间数据，最终是要处理成标准观测时间的。对观测时间的处理有以下两个步骤。

(1) 对观测时间进行评比，求得正常作业时间。时间评比方法中最通用的方法是平均化法，它从熟练、努力、作业条件和一致性四个方面来评价作业速度(见表 8-4)。评比系数的计算公式如下所示：

评比系数=熟练系数+努力系数+操作环境系数+一致性系数

表 8-4 评价等级表

熟练系数			努力系数		
超佳	A1	+0.15	超佳	A1	+0.13
	A2	+0.13		A2	+0.12
优	B1	+0.11	优	B1	+0.10
	B2	0.08		B2	0.08
良	C1	+0.06	良	C1	+0.05
	C2	+0.03		C2	+0.02
平均	D	+0.00	平均	D	+0.00
可	E1	−0.05	可	E1	−0.04
	E2	−0.10		E2	−0.08
欠佳	F1	−0.16	欠佳	F1	−0.12
	F2	−0.22		F2	−0.17
操作环境系数			一致性系数		
理想	A	+0.06	理想	A	+0.06
优	B	+0.04	优	B	+0.06
良	C	+0.02	良	C	+0.06
平均	D	0.00	平均	D	0.00
可	E	−0.03	可	E	−0.02
欠佳	F	−0.07	欠佳	F	−0.04

(2) 对正常作业时间进行宽放，求得标准时间。宽放时间的种类主要有私事宽放、疲劳宽放、程序宽放。影响疲劳的因素有很多，疲劳宽放评价项目与宽放率参照表如表 8-5 所示。

表 8-5 疲劳宽放评价项目与宽放率参照表

评价项目	内容	宽放率(%)	评价项目	内容	宽放率(%)
1. 努力度	(1) 较轻松的坐式作业	0	6. 创造性注意力	(1) 不需要	0
	(2) 拿轻物上下	1		(2) 需要一点	0.3
	(3) 重劳动、拿重物、移动、偶尔休息	1.5		(3) 必须具有	0.4
	(4) 超重劳动,无休息	1.75		(4) 高度必要	0.7
2. 姿势	(1) 稳定的坐式作业	0	7. 对责任与危险的注意度	(1) 不需要	0
	(2) 普通步行并携带物品	0.03		(2) 对他人的安全及责任需普通程度留意	0.3
	(3) 注意力集中,间断干活,姿势不自然	1		(3) 对自身及他人的安全责任需特别注意	0.4
	(4) 不间断使用	1.5		(4) 超级危险作业中需特别注意自己及他人安全	0.4
3. 特殊的作业服装与工具	(1) 无特别处	0	8. 环境	(1) 环境清洁	0
	(2) 有时用口罩、手套等劳保用品	0.2		(2) 有少许烟尘和臭味的污染	0.3
	(3) 基本需佩戴上述用品,但偶尔可拿下	0.6		(3) 烟、污物、臭气、灰尘很多	
	(4) 经常需要高度小心细致	0.75		(4) 上述污染非常严重	0.7
4. 重复动作与紧张疲劳	(1) 几乎很少有重复	0	9. 噪音	(1) 没有噪音	0
	(2) 偶尔忙碌时需要重复动作	0.3		(2) 少许噪音	0.2
	(3) 需要小心细致	0.4		(3) 有噪音,但有间歇	0.25
	(4) 经常需高度小心细致	0.7		(4) 持续不断的强噪音	0.4
5. 单调性	(1) 有一定兴趣并且没有反复动作	0	10. 温度	(1) 有空调,温度正常	0
	(2) 有一定程度的反复动作	0.3		(2) 普通的温度变化	0.2
	(3) 很单调,但偶尔休息一下	0.4		(3) 温度变化较大	0.25
	(4) 不停的、连续单调且不能休息的状态	0.7		(4) 温度变化极大,对人不利	0.4

（续表）

评价项目	内容	宽放率(%)	评价项目	内容	宽放率(%)
11. 光照度	(1) 光照度在标准之内	0	12. 地面	(1) 地面光洁	0
	(2) 非常一般的照明水平	0.2		(2) 普通状态的地面	0.2
	(3) 光线过弱或过强，影响人的情绪	0.25		(3) 潮湿、不干净	0.25
	(4) 非常弱的光线并且明暗变化剧烈，严重影响情绪	0.4		(4) 潮湿、容易滑倒的地面	0.4

最终，标准时间由测量时间、评定系数、宽放率这些因素确定，具体的公式如下：

$$标准时间 = 测量时间 \times (1 + 评定系数) \times (1 + 宽放率)$$

五、升级训练

生产情境：在实际生产操作中，制订标准作业操作单是需要大量的时间精力去分析、设计和验证的。现在，请大家扫描以下二维码，认真观察视频中的岗位操作过程，完成标准作业操作单的设计。

视频资料

标准化操作生产情境

请扫描二维码，认真观看视频，根据视频中的情境分析岗位的操作过程，完成标准作业操作单的设计。

（一）任务名称

本任务的名称：某岗位标准作业操作单设计任务。

（二）任务要求

(1) 个人独立完成。

(2) 根据视频内容，完成标准作业操作单的工作要素、时间等信息的收集。

(3) 根据视频内容，完成每一个工作要素的工作要素单的设计与制作。

（三）任务流程

(1) 认真观看视频，将观察到的工作要素填入标准作业操作单；

(2) 根据视频情境，填写每一个工作要素的时间；

(3) (选填)将视频中每一工作要素的完成状态截图，插入标准作业操作单的“作业示意图”；

(4) (选填)分析整个过程的增值与非增值时间；

(5) 计算所有工作要素的操作时间，并填写“周期时间 CT”；

(6) 根据标准作业操作单每一个工作要素的完成步骤，完成工作要素单的填写(注意：

有几个工作要素，就有几份工作要素单）；

（7）在工作要素单中，需认真分析每一步骤，并填写工作要素单的“主要步骤”；

（8）注意视频中的操作要点，填写工作要素单中的“要点”，即填写完成该步骤的注意事项，以及要这么做的原因；

（9）（选填）对主要步骤完成状态进行截图，并插入工作要素单中；

（10）将标准作业操作单与工作要素单整理成册。

（四）任务成果

任务成果为标准作业操作单、工作要素单，见表 8－6 与表 8－7。

表 8－6　标准作业操作单

<table>
<tr><td colspan="5" rowspan="3">标准作业操作单</td><td>安全</td><td>关键特性</td><td>看</td></tr>
<tr><td></td><td>C</td><td>LT</td></tr>
<tr><td>推拉</td><td>工具</td><td>听</td></tr>
<tr><td colspan="2">＊岗位名称</td><td></td><td>小组名称</td><td></td><td>PP</td><td>TG</td><td>FL</td></tr>
<tr><td>重要度</td><td>＊序号</td><td colspan="2">＊工作要素</td><td>＊时间</td><td colspan="3">作业示意图</td></tr>
<tr><td></td><td></td><td colspan="2"></td><td></td><td colspan="3"></td></tr>
<tr><td></td><td></td><td colspan="2"></td><td></td><td colspan="3"></td></tr>
<tr><td></td><td></td><td colspan="2"></td><td></td><td colspan="3"></td></tr>
<tr><td colspan="2">增值时间</td><td colspan="2"></td><td>＊操作工</td><td colspan="3"></td></tr>
<tr><td colspan="2">非增值时间</td><td colspan="2"></td><td>组长</td><td colspan="3"></td></tr>
<tr><td colspan="2">＊周期时间 CT</td><td colspan="2"></td><td>审核人员</td><td colspan="3">签名：
日期：</td></tr>
</table>

表 8－7　工作要素单

<table>
<tr><td colspan="4">工作要素单</td><td>安全</td><td>关键</td><td>推拉</td><td>工具</td><td>看</td><td>听</td><td>触摸</td><td>基本</td><td>选件</td><td>型号</td><td>版本号</td></tr>
<tr><td>岗位名称</td><td colspan="3"></td><td></td><td>C</td><td>PP</td><td>TG</td><td>LT</td><td>FL</td><td>F</td><td>○</td><td>□</td><td></td><td></td></tr>
<tr><td>要素序号</td><td></td><td>要素名称</td><td></td><td>重要度</td><td>序号</td><td colspan="2">主要步骤</td><td colspan="4">要点</td><td colspan="3">原因</td></tr>
<tr><td colspan="4" rowspan="4">主要步骤示意图</td><td></td><td></td><td colspan="2"></td><td colspan="4"></td><td colspan="3"></td></tr>
<tr><td colspan="2" rowspan="3">安全（质量）事故记录</td><td colspan="2">日期</td><td colspan="7">说　明</td></tr>
<tr><td colspan="2"></td><td colspan="7"></td></tr>
<tr><td colspan="2"></td><td colspan="7"></td></tr>
</table>

（续表）

<table>
<tr><td colspan="5">工作要素单</td><td>安全</td><td>关键</td><td>推拉</td><td>工具</td><td>看</td><td>听</td><td>触摸</td><td>基本</td><td>选件</td><td>型号</td><td>版本号</td></tr>
<tr><td>操作工</td><td>班组长</td><td>工段长</td><td>技术审核日期</td><td>批准/日期</td><td colspan="5" rowspan="5"></td><td>要素时间</td><td colspan="2">增值时间</td><td colspan="2">非增值时间</td><td>步行时间</td></tr>
<tr><td></td><td></td><td></td><td rowspan="4"></td><td rowspan="4"></td><td></td><td colspan="2"></td><td colspan="2"></td><td></td></tr>
<tr><td></td><td></td><td></td><td>标记</td><td>处数</td><td colspan="2">更改编号</td><td>签名</td><td>日期</td></tr>
<tr><td></td><td></td><td></td><td></td><td></td><td colspan="2"></td><td></td><td></td></tr>
<tr><td></td><td></td><td></td><td></td><td></td><td colspan="2"></td><td></td><td></td></tr>
</table>

六、任务评价

<table>
<tr><td rowspan="3">评价项目</td><td rowspan="3">评价标准</td><td rowspan="3">评价依据</td><td rowspan="3">总分（分）</td><td colspan="3">评价方式</td><td rowspan="3">评分（分）</td></tr>
<tr><td>自评</td><td>小组评价</td><td>教师评价</td></tr>
<tr><td>20%</td><td>30%</td><td>50%</td></tr>
<tr><td>职业素养</td><td>1. 遵守课堂纪律
2. 具有团队合作精神
3. 认真细致，一丝不苟地完成任务</td><td>1. 考勤
2. 学习态度
3. 课堂任务完成情况</td><td>30</td><td></td><td></td><td></td><td></td></tr>
<tr><td rowspan="2">专业能力</td><td>1. 能够按要求完成折纸作品的标准作业操作单
2. 小组成员间互换标准作业操作单后，能够按所设计的工作步骤、时间完成折纸作品</td><td>折纸作品标准作业操作单</td><td>25</td><td></td><td></td><td></td><td></td></tr>
<tr><td>1. 根据“生产情境”的视频，填写工作要素和完成时间
2. 根据视频情境，完成工作要素单，认真填写工作步骤、要点及原因
3. 能够将标准作业操作单和工作要素单整理成册，并基本能够反映视频情境的操作过程</td><td>视频情境岗位的标准作业操作单、工作要素单</td><td>45</td><td></td><td></td><td></td><td></td></tr>
<tr><td colspan="3">总　　计</td><td>100</td><td colspan="3"></td><td></td></tr>
</table>

七、自测习题

1. 不定项选择题

（1）持续改善的基础是（　　）的途径。

A. 制度化　　B. 标准化　　C. 目视化　　D. 通用化

(2) 一般情况下，标准化主要适用于(　　)。

A. 有可定义的工艺　　B. 重复性工艺

C. 设备日常维护　　D. 质量检测

(3) 与标准作业操作单配套的文件有(　　)。

A. 工作要素单　　B. 物料数据清单

C. 设备清单　　D. 问题清单

(4) 标准化操作的现场带教培训的环节主要有(　　)。

A. “我讲给你听”　　B. “我做给你看”

C. “你讲给我听”　　D. “你做给我评”

2. 判断题

(1) 标准作业操作指导书是由工艺部门制定的，现场一线员工无须参与制作。(　　)

(2) 标准化操作单须写成文字，并张贴在工作场地。(　　)

(3) 标准作业操作单是最佳工序的工作流程标准化文档，包括所需的人员、工具、设备、时间和方法等信息。(　　)

(4) 标准作业操作单的工作要素的项目数与工作要素单的数量相一致。(　　)

(5) 工作要素单是对标准化操作单的详细说明。(　　)

任务九

人人能“找得到，看得清”

——5S 与目视管理

一、任务学习目标

(一) 知识目标

(1) 掌握 5S 管理的含义及实施步骤。

(2) 了解目视管理的含义及应用。

(二) 能力目标

(1) 能够根据 5S 管理的实施步骤完成一份简单的实施方案。

(2) 能够根据 5S 管理的要求对现场进行检查工作。

(三) 素质目标

(1) 有良好的组织纪律性，具有团队合作精神。

(2) 精益求精，养成 5S 管理的职业习惯。

(四) 任务导图

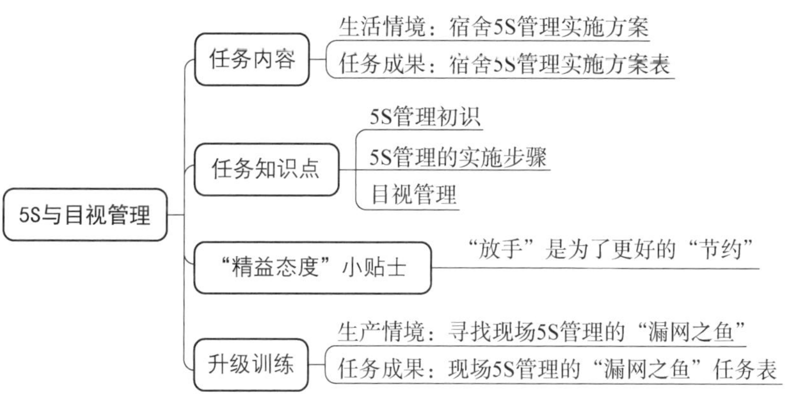

二、任务情境

生活情境：在我们的宿舍生活中，因学生人数众多、生活习惯不同、综合素质高低不等，宿舍管理成为学校日常管理的一个难点。为了让同学们有一个干净、整洁、舒适的学习生活环境，我们可以将企业 5S 现场管理的理念与方法引入宿舍管理中，在营造整洁优美的生活环境的同时，促进学生养成良好的职业素养。

请大家以宿舍为单位，根据5S管理的实施步骤完成一份宿舍5S管理实施方案。

三、任务内容

（一）任务名称

本任务的名称：宿舍5S管理实施方案。

（二）任务要求

（1）由宿舍为单位组成小组；

（2）以宿舍为实施对象，与宿舍成员达成共识并完成该实施方案；

（3）根据整理要求，与宿舍成员充分沟通，确定“要”与“不要”物品的标准。对于“不要”的物品，注意不是一扔了之，而是要有对应的处置办法。

（4）根据整理要求以及宿舍成员的使用习惯，规范放置区域；

（5）明确清扫的部位、使用什么工具、达到什么样的效果、多久清扫一次等；

（6）与宿舍成员达成共识，形成适用于本宿舍的规定；

（7）根据形成的宿舍5S管理的实施方案，保持良好的行为习惯。

（三）任务工具

实施宿舍5S管理的相关工具有红色方形贴纸、定位胶带、定位贴等，不一定需要采购专门的贴纸，可自行制作定位标识，定位贴样式如图9-1所示。

图9-1　定位工具举例

（四）任务流程

（1）完成整理活动，具体包括：

① 明确区分“要”与“不要”物品的标准，如：使用频率为一个月、三个月、一学期等。

② 根据以上标准，在“不要”的物品上贴红色贴纸，并在贴纸上标注处置办法，如统一放置于某区域、放置于废品回收站等。

③ 统计贴有红色贴纸的“不要”的物品的数量及对应的处理办法。

（2）完成整顿活动，具体包括：

① 统计“要”的物品数量及使用频率，确定放置场所；

② 拍照定置定位的照片，或者绘制示意图；

（3）明确清扫的部位、具体措施、清扫周期等，并划分责任人。如：桌面的清扫具体措施为清除桌面的灰尘、垃圾、油渍等，清扫周期为每天早上1次，责任人为个人。

（4）与宿舍成员达成共识，形成可执行的检查标准，包括检查项目、检查标准、检查结果、检查频率、检查人等，注意检查人与上一步的责任人不重复。

(5) 保持良好的行为习惯，并收集实施后的照片，或者描述实施宿舍 5S 管理带来的良好影响等。

(五) 任务成果

任务成果为宿舍 5S 管理实施方案表(见表 9－1)。

表 9－1　宿舍 5S 管理实施方案表

<table>
<tr><td colspan="5">姓名：
宿舍号：</td></tr>
<tr><td colspan="5">一、整理</td></tr>
<tr><td colspan="5">1. 区分“要”与“不要”的标准：</td></tr>
<tr><td colspan="5">2. 统计“不要”的物品处置办法</td></tr>
<tr><td>序号</td><td>物品</td><td>数量</td><td colspan="2">处理办法</td></tr>
<tr><td></td><td></td><td></td><td colspan="2"></td></tr>
<tr><td></td><td></td><td></td><td colspan="2"></td></tr>
<tr><td></td><td></td><td></td><td colspan="2"></td></tr>
<tr><td></td><td></td><td></td><td colspan="2"></td></tr>
<tr><td></td><td></td><td></td><td colspan="2"></td></tr>
<tr><td></td><td></td><td></td><td colspan="2"></td></tr>
<tr><td colspan="5">二、整顿</td></tr>
<tr><td colspan="5">1. “要”的物品区域规划</td></tr>
<tr><td>序号</td><td>物品</td><td>数量</td><td>使用频率</td><td>建议存放场所</td></tr>
<tr><td></td><td></td><td></td><td></td><td></td></tr>
<tr><td></td><td></td><td></td><td></td><td></td></tr>
<tr><td></td><td></td><td></td><td></td><td></td></tr>
<tr><td></td><td></td><td></td><td></td><td></td></tr>
<tr><td></td><td></td><td></td><td></td><td></td></tr>
<tr><td colspan="5">2. 定置定位照片或示意图</td></tr>
<tr><td colspan="5"></td></tr>
</table>

（续表）

三、清扫

清扫措施表：

序号	清扫部位	具体措施	使用工具	清扫周期	负责人

四、清洁

宿舍“清洁”规定

序号	检查项目	检查标准	检查结果（合格打“√”，不合格打“×”）	检查频率	检查人

五、素养

1. 实施5S管理的过程图或成果图

（续表）

2. 实施5S管理后对宿舍带来的改变（人员或宿舍环境）

四、任务知识点

（一）5S管理初识

在20世纪50年代，日本的制造企业为了改善生产现场人员的安全情况、产品质量、生产效率的问题，在现场提出“整理”“整顿”“清扫”的概念，这就是3S管理。在这个时期，3S管理基本解决了以上问题。随着管理的需要及标准的提升，加入了第四个S，即“标准化”，也就是“清洁”。80年代后期，企业开始深入研究现场管理，从管理人的角度出发，提出了第五个S，即“素养”的概念。随着美国麻省理工学院对丰田生产模式研究的深入，逐步形成了系统的精益生产理论，赋予了“素养”新的含义，融入了持续改善的理念。

随着5S管理被广泛应用于全球制造企业的现场改善，5S管理的重点也由环境品质逐步扩及至人的行为品质，在安全、卫生、效率、品质及成本方面得到较大的改善。5S管理活动包括整理、整顿、消扫、清洁和素养五个阶段，通过制定标准操作规程，分阶段持续改善、消除浪费，提高工作效率，促进生产现场物料和信息流动的可视化管理过程；它为工人提供安全、清洁和组织有序的生产环境，有利于团队协作、人机协调、缩短生产周期、增加产品价值。5S管理除了制造企业的现场管理应用外，同样适用于办公环境的改善，是精益生产体系的重要支撑。

1. 5S管理的概念

5S管理由5个“S”组成，可将其理解为5个阶段。

（1）1S——整理：区分要与不要的物品，现场除了工作要用的东西以外，一切都不放置。

（2）2S——整顿：要的物品要根据操作频率确定它的放置区域，要摆放整齐。

（3）3S——清扫：清除现场工作区域的脏污，并防止污染的发生，保证生产状态的最佳。

（4）4S——清洁：将整理、整顿、清扫的做法制度化、规范化，维持其成果。

（5）5S——素养：要文明礼貌，按规定行事，养成良好的工作习惯。

在这5个阶段，前面3个“S”的着眼点是现场的“机”“料”“环”这些客观存在的物品要素；第4个“S”的着眼点在于“法”的要素，即方法制度层面；第5个“S”的着眼点在于“人”的要素，即人员的行为习惯养成。5S管理的定义要点见图9-2。

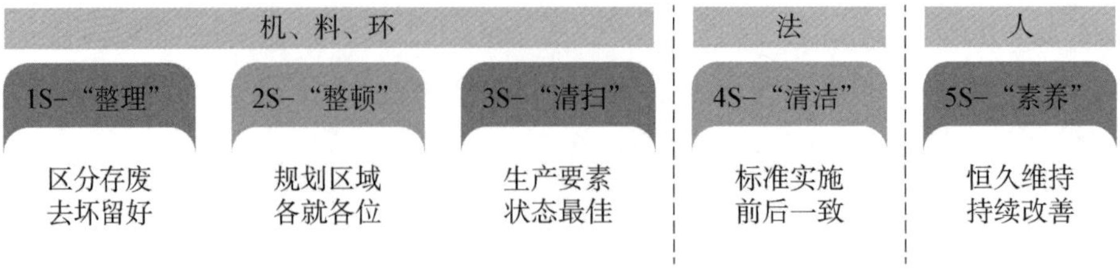

图9-2 5S管理的定义要点

2. 实施5S管理的作用

(1) 改善生产现场环境，改善企业精神面貌，形成良好的企业文化。

(2) 减少场所浪费，减少寻找的浪费，减少工作差错，提高生产效率，降低生产成本；

(3) 使企业各项安全措施落实到位，加强员工的安全意识，减少安全隐患；

(4) 促进员工良好行为的养成；

(5) 消除现场的不良现象，减少故障，保障品质。

在此，我们需要明确的是，实施5S管理是为生产现场服务的，如果一味地追求表面的整齐，而忽略了效率，所有工作将毫无意义。

(二) 5S管理的实施步骤

1. 1S——整理

1) 内容

整理主要是指对现场的必需品与非必需品进行区分与处理的过程。

2) 目的

整理的目的是腾出空间，防止误用、误送，打造清爽的工作场所。我们要时刻谨记，工作现场应只保留与现场工作相关的、用得到的必要物品，以免占用空间，影响判断，降低工作效率。

3) 实施的注意事项

① 清除物品不是一扔了之，而是有目的地对物品分类筛选。

② 对所在工作场所全面检查，包括看得见的和看不见的物品。

③ 清除不需用的物品时要反省这些物品产生的根源。

4) 三个着眼点

在制造现场，整理的着眼点主要在工具、库存/仓储、设备等方面(见图9-3)。

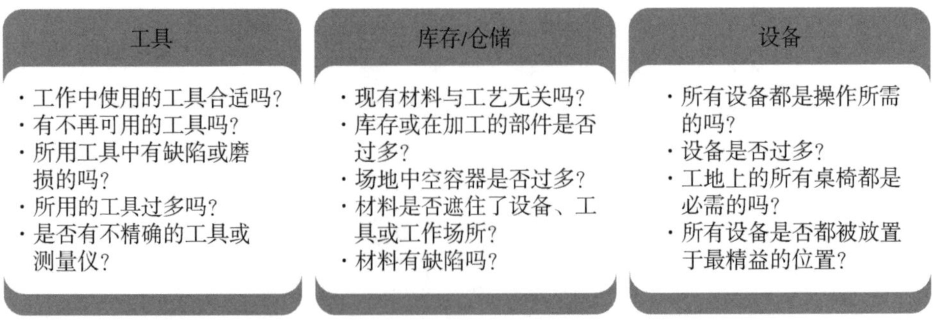

图9-3 整理的三个着眼点

5）实施步骤

第一步：明确区分标准。工作现场常以使用频率为依据来明确必需品与非必需品的标准，现场只摆放工作必要的、使用频率高的物品。一般情况下，对于未来 30 天内用不着的物品要移出工作区域。

第二步：实施区分。当明确区分的标准后，员工便可以根据标准对整个现场的所有物品进行清理。对于非必需品需要进行统计、集中堆放，并制订处理办法。

将以上内容整理完成后，形成非必需品处置表，样式举例见图 9－4。

管理区域:				区域责任人:												
编号	物品编码	物品描述	物品种类	无用价值		有用价值（30天内不使用的物品）							销售不出去的产品	责任人	备注
				折价出售	转为其他用途	涉及机密专利	普通废弃物	影响人身安全、污染环境物	闲置设备、工具	暂时不用			交由专门部门（设计/工艺/销售）负责处理		
						特别处理	分类出售	特别处理	分类出售	每月使用	3-6个月	1-2年及以上			
										车间分类专区存储	分类管理集中存储	仓库存储（封存）			

图 9－4　非必需品处置表举例

“精益态度”小贴士

“放手”是为了更好的“节约”

在整理这一阶段，最常出现的现象就是舍不得放手，这就使得整理的效果大打折扣。其实，我们此时的“放手”是为了更好的“节约”。过多的物品会形成干扰物，这将使得现场工作时，工作人员增加寻找、分辨和选择的时间，降低工作效率。同时，在寻找工具的过程中，工作人员过多的走动，也可能造成现场工作秩序的混乱，甚至会增加安全事故的隐患。因此，在实施区分时，必须要以挑剔的眼光进行排查，并杜绝以下想法：

（1）有了它会比较方便，还是暂时留着吧。

（2）万一有故障就麻烦了，还是放着吧。

（3）虽然是没用的东西，但是如果扔掉，哪天在需要的时候就麻烦了，还是放着吧。

牢记：现场就是用来工作的场所，只能放置现在用得到的必需品。

2. 2S——整顿

1）内容

整顿的主要工作是将需要的物品指定存放位置，并以简单的方式将其管理起来，做到“一物一位，物归其位”。

2）目的

整顿的目的主要是通过“一物一位，物归其位”来达到以下目的。

① 能够快速找到物品，消除寻找的浪费。

② 通过整顿，使得工作场所清楚明了。

③ 让员工拥有整齐舒适的工作环境。

④ 快速发现与现场无关的物品，消除过多的积压物品。

3）实施步骤

第一步：按使用频率整顿，统计必需品的使用频率情况。

第二步：确定必需品的最佳位置。在安全舒适的前提下，应使最常用的物品离操作者最近，重视并遵守“能立即取到，用后能立即放回”的原则，这是能够长期维持整理效果的重要原则。

第三步：制作位置标记。制作位置标记可通过标识、照片、投影板等办法，如图 9－5 所示。

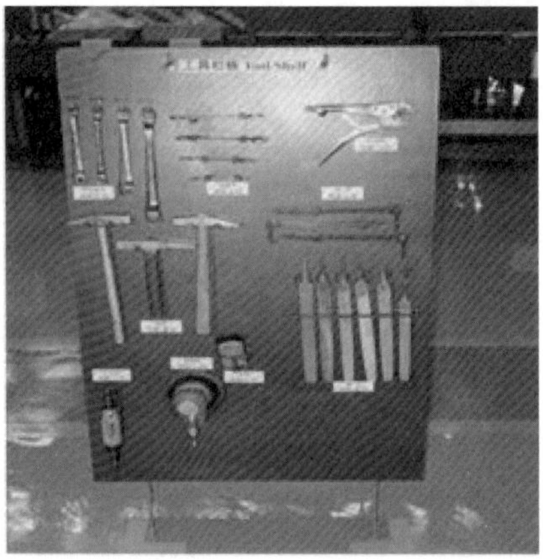

用工具投影板做好投影和标识，使用工具后将其放回原位，一物一位，物归其位，摆放须整齐有序，清扫干净，保持良好效果。

图 9－5 工具位置标记举例

想一想：大家都知道用完工具应放回原处，有利于减少寻找的时间，但在某些情况下，员工无法形成放回原处的习惯，或者坚持一段时间后，又到处乱放了。想一想，这是什么原因造成的呢？

3. 3S——清扫

1）内容

清扫工作场所，包括去除机器、工具、地面、墙壁等脏污，防止污染的发生。要减少由灰尘引起的故障，提高安全性，且能迅速发现和纠正设备问题。清扫，看起来似家常事，并不需要专门的设备和技巧，但事实上，并不容易做到。任何污垢和废物都可能导致不合格品的产生，降低生产效率，所以要下功夫彻底地打扫干净。

2）目的

① 保持令人心情愉快、干净亮丽的环境。

② 清扫工作场所，减少脏污对质量的影响。

③ 消除现场的安全隐患，减少工业伤害事故。

3）原则

① 清扫应天天进行。清扫的要点不在于搞多少次大扫除，而在于如何将此项工作日常化。

② 只由本区域的员工进行。生产工人使用的设备、仪器、仪表、工具、器皿等，都要自己清扫，而不是依靠他人，也不能增加专门的清扫工。

③ 清扫也是为了改善。当操作工人清扫地面时，如发现油、水泄漏或地面有其他无用杂物时，要查明原因并采取措施加以改进。

4）步骤

第一步：建立清扫责任区（室内、室外）；

第二步：根据例行扫除、清除脏污；

第三步：调查污染源，予以杜绝或隔离；

第四步：建立清扫基准（见图 9－6），将其作为作业规范。

工位定置图及5S管理标准

工位物品、工具定置图

车间	结构件	工段	3吨样板线	班组	门架线
工位名称	老3T油箱拼搭	工位编号	JGJ-■JX03	版本	第1版

5S与目视管理责任区范围					
工位栏板、工具及劳保用品、工具架、物料、工装、设备					
责任人日常5S标准					
项目	5S要求	责任人	频次	使用工具	方法
工位栏板	工位栏板表面无污垢、杂物		1次/班	抹布	擦拭
	工位栏板内容必须保持最新版本				
	工位栏板、塑料袋以及资料不得有损坏				
工具	工具及劳保用品用完后必须物归原位		1次/班		
劳保用品	工具及劳保用品用完后必须物归原位		1次/班		
物料	物料按照3T（定点、定量、定容）要求摆放				
工具架	工具架无污垢、杂物		1次/班	抹布	擦拭
	工具、物品定置摆放				
工装	工装表面无污垢、无杂物		1次/班	抹布	擦拭
	运动件须加润滑油		1次/周	油枪	注油
电焊设备	设备表面无污垢、无杂物		1次/班	抹布	擦拭
	运动件须加润滑油		1次/周	油枪	注油
	管线用完后盘起放置				
	接地铁严禁乱接乱搭				
辊道	辊道及控制台表面无污垢、无杂物		1次/班	抹布	擦拭
	运动件须加润滑油		1次/周	油枪	注油
挡弧帘	挡弧帘表面无污垢、无杂物		1次/班	抹布	擦拭
地面	当班保持工位区域地面清洁干净、无杂物		1次/班	扫把/垃圾斗	扫/装

员工签名	班组签名	工段长签名	车间主任签名	注：本表是工位5S与目视管理检查的依据 班组长每天检查一个工位 车间主任每周检查两个工位

图 9－6　清扫基准举例

4. 4S——清洁

1）内容

清洁的主要工作是将前面的 3S 活动制度化、标准化，并贯彻执行，以维持成果。它是 5S 管理活动中重要的一环，它能保持通过整理、整顿、清扫所创造的优良环境。

2）目的

① 通过制度化、标准化，让现场保持最佳工作状态。

② 将前面的 3S 活动日常化，保持清洁的工作场所。

③ 提高现场环境和员工个人形象及精神面貌。

3）步骤

第一步：确定任务，建立清扫责任区。

第二步：指派职责，建立清洁标准。

在该步骤中，需要非常明确地规定检查的项目内容、需达到的标准，形成5S管理检查标准文件，如5S管理检查标准表（见表9-2），这样才有实施的可行性。

表9-2　5S管理检查标准表

班组5S检查标准														
检查人：			检查区域：						检查区域：					
项次	检查项目	序号	检查标准	工位										问题描述
				1	2	3	4	5	6	7	8	9	10	
1	地面及通道	1	生产现场地面用标准色标识，无油污、杂物、地面干净、整洁、光亮											
		2	各种定置标识清晰、符合标准要求											
		3	通道画线清楚，无物品堆积，可以畅通无阻											
2	设备	1	设备（焊机）表面清扫干净、无脚印、无油污物，恢复原色											
		2	设备（焊机）表面无悬挂、放置其他物品											
		3	设备（焊机）中途离开、使用完毕，线缆必须按规定缠绕整齐											
3	工装	1	工装表面清理干净，无油污、锈蚀、符合颜色标准											
		2	按规定频次、方法对工装进行维护保养											
		3	按规定定置、摆放可移动的工装（部件）											
4	挡弧板	1	挡弧板无油污、焊渣											
5	材料、料架状况	1	各种物料摆放整齐、标识清楚，符合5定的要求（1、定点；2、定容；3、定量；4、定标识；5、定人）											
		2	各个物料存放区均按照规定数量存放、在定置线内无溢出											
		3	各种料架表面清扫干净，无灰尘杂物											
6	在制品/零件	1	不良品与良品分类摆放，有标识区分											
		2	按定置摆放，符合数量要求											
7	目视看板（资料、表格）	1	看板与墙面上无多余、过时的表格											
		2	看板与墙面上的目视信息、表格要更新及时											
8	工位器具	1	劳保用品（私人物品）按定置摆放											
		2	工具按分类、定置摆放整齐，有目视标识											
		3	其他物品必须分类摆放，且要整齐											

第三步:建立清洁检查维持机制。

在该步骤,通过制定分层检查机制让各级管理人员对现场进行检查监督,建立从班组到公司的检查机制(见图 9-7),过程中不断改进现场存在的不足。

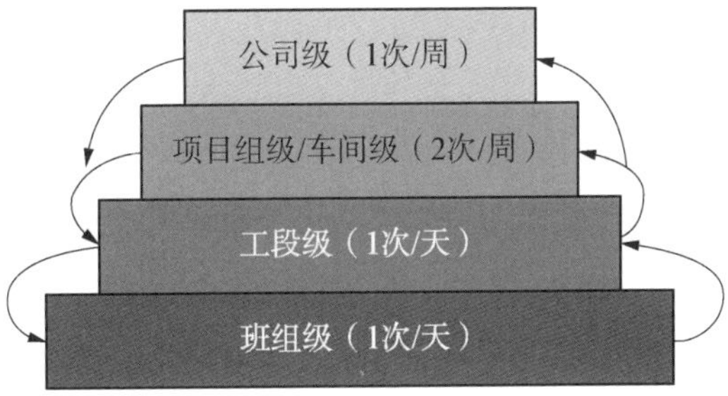

图 9-7　5S 分层检查机制

第四步:建立清洁奖罚激励机制。倡导竞争的氛围,对做得好的员工进行激励,对做的不好的员工进行培训、指导并再次检查。

总的来说,清洁需要做的工作就是:建立标准、执行标准、检查标准、维持标准、遵守标准。

5. 5S——素养

1) 内容

素养是对自身的高要求,它使 5S 管理成为组织文化的一部分,没有人需要被提醒,员工会自觉遵守规章制度,成为自律的员工。

2) 目的

① 在现场养成良好的工作习惯。

② 形成 5S 管理文化,营造团队精神。

③ 员工自觉遵守规则制度,塑造守纪律的工作场所。

④ 培养具有良好素质、习惯的人才。

3) 推行要领

① 学习、理解、遵守规章制度。

② 保持良好和积极主动的工作状态。

③ 待人接物要诚恳、有礼貌,乐于助人。

(三) 目视管理

1. 含义与目的

目视管理是通过视觉采集信号后,利用大脑对其进行简单判断(并非逻辑思考)并直接产生对或错的结论,快速做出响应的管理方法。这种管理方法使现场的状况一目了然,谁都能看得懂并指出问题、加以改进。简单地讲,目视管理就是利用形象直观、色彩适宜的各种视觉感知信息来组织现场生产活动,达到提高劳动生产率的目的的一种管理方式,也可将其称为“看得见的管理”。

它的目的是使全体员工都能够对现状一目了然,迅速做出判断,并立即采取改进措施。目视管理的最终目的是:提高管理水平,优化组织结构,提高生产效率,并形成明快顺畅、具有活力的企业特色。

2. 目视化与目视管理的区别

很多人在进行目视管理的过程中,经常会混淆目视化和目视管理这两个概念,因此首先我们要给出两者的定义,将目视化与目视管理进行对比(见图 9-8)。

目视化:它是指把复杂的语言文字描述,用通俗易懂、形象化、视觉化的图表表示出来。

目视管理:它是指用形象化、图表化、视觉化的工具对工作场地进行管理,使全体员工都能够看出工作的进展状况,并迅速做出判断,想出对策。

从上面的定义我们可以看出，目视化是一种手段，它使人更容易理解我们想表达的意思，因为“一图值千字”，人类的大脑是通过图像来处理信息的；而目视管理是一种管理方式，它通过目视化的手段让员工知道问题所在，并按要求去行动。

图 9-8 目视化与目视管理的对比

3. 特点

(1) 远处就能看得很清楚。目视管理必须要让进入该区域的员工都能看见并遵守执行，因此适合的标志尺寸和颜色搭配是很重要的。如工位的目视管理(见图 9-9)，必须清楚明了。

图 9-9 工位的目视管理

（2）标识想管理的事项。每一个目视管理标识和做法都有其管理的目的，只有目的明确了，方法才会有效。一般来说，一个标识和做法只解决一个管理的问题。

（3）好或不好立刻可分晓。目视管理的一个重要的目的就是让员工迅速判断对或错、好或不好，非常一目了然。例如图 9－10 的安全信息看板，哪天没有做好，大家一看就知道，达到了易发现差错的效果。

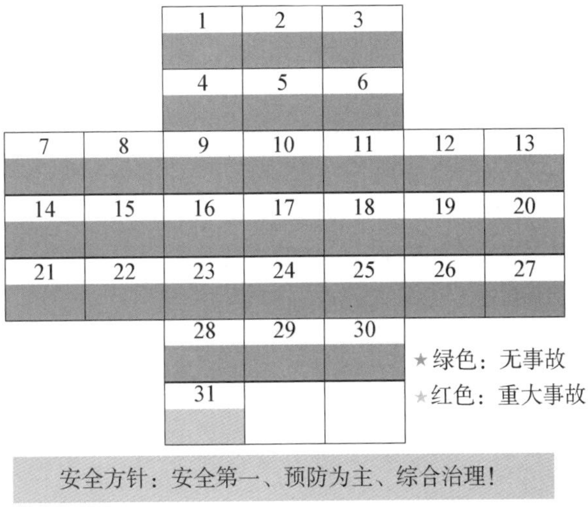

图 9－10　安全信息看板样式

（4）谁都能遵守，并能够立即矫正。目视管理使得员工在发现差错的基础上很快能进行矫正，图 9－11 所示的桌面物品归位定置，每个人一看便知，同时能立即将物品放到正确的位置上。

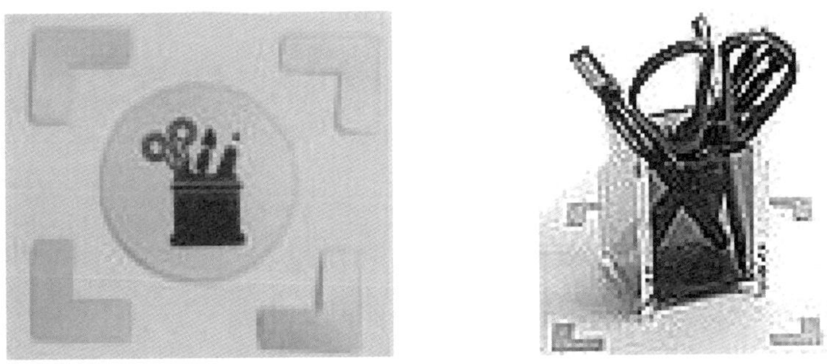

图 9－11　桌面物品归位举例

4. 作用

目视管理的作用主要有以下几个方面。

（1）使标准目视化。目视管理就是将要管理的东西形象化地展示出来，让大家一看就明白。

（2）显示异常情况。它能够将异常情况明确地显示出来，让大家及时发现与解决问题。

（3）显示实际与目标之间的差距。

(4) 指导与解释。目视管理可对现场的情况进行指示与说明,让人们能够按指导与解释进行操作。

(5) 信息交流。目视管理能够让大家通过一些共同语言获取信息,进行交流沟通。

5. 目视管理常用的方法

(1) 颜色法。目视管理的一个重要方法就是颜色法,即用不同的颜色表示差异。如我们日常生活中的交通灯,分别用红色、黄色、绿色表示停、等、行三种不同的状态。

(2) 定位法。它是指将需要的东西放置在固定的位置,位置的四个角用定位线表示出来,以便快速取放,缩短寻找时间。

(3) 标识法。它是指将场所、物品等的名称用醒目的字体标识出来。

(4) 分区法。它是指采用划线的方式表示不同性质及功能的区域。

(5) 图形法。它是指用大众都能识别的图形标识公共设施。

(6) 方向法。它是指指示行动的方向。一般应用于路标、路牌,以便不熟悉厂区环境的人员能够快速到达目的地。

(7) 影绘法。也称痕迹法或形迹法,它是指将物品的形状画在要放的地方。

(8) 看板法。它是指以看板的形式将需要传递的信息目视化表现出来。

(9) 地图法。它是指将区域的布置以地图的形式表示出来。

6. 目视管理的标准

(1) 颜色标准。颜色管理是根据物品的色彩判定物品的属性和使用状态的一种管理手法。企业用红、黄、蓝、绿、白几种颜色对各种管理方法进行管制,让员工自然、直觉地感知并有相同的认识和理解。

要规范企业用色准则,建立共同的颜色标准,当问题出现时,有助于相关人员形成共同的沟通语言和对问题达成共识,并能够设定个人或团体改善目标,以及将来努力的方向,从而达到管理的目的。表 9-3 与表 9-4 选取了一些颜色标准样式作为参考。

表 9-3 设备颜色标准参考

项　　目	颜色名称
锅炉本体	黑色
冷冻机本体	绿色
真空罐、干燥机	白色
配电柜、风机	白色
变压器	红色
消防设施	红色
发电机、水泵、发动机	黄色
取暖机	银白色
空压机、压力容器	黄色
散热器	银色

表 9-4　工厂基本用色标准参考

项　　目	颜色名称
厂房围墙	白色
围墙栅栏	黑色
厂房内墙	白色
厂房外墙	米黄色
厂房地面	灰色
厂房墙裙	绿色
厂房踢脚线	黑色
隔栏、安全网	黄色
货架	蓝色
安全通道、扶手	绿色
VIP 通道	绿色
手推车	绿色
斑马线	黄黑间隔色

(2) 线条标准

表 9-5 至表 9-7、图 9-12 至图 9-14 选取了一些工厂线条、区域、定置样式作为参考。

表 9-5　区域线绘制标准参考表

区域类别	区域线			标识牌	字体
	颜色名称	宽度	线型		
待检区	蓝色	50 mm	实线	白色	黑色，黑体
待判区	白色	50 mm	实线	白色	黑色，黑体
合格品区	绿色	50 mm	实线	白色	黑色，黑体
不合格品区	黄色	50 mm	实线	黄色	红色，黑体
返修区	黄色	50 mm	实线	白色	黑色，黑体
废品区	红色	50 mm	实线	红色	白色，黑体
物料临时存放区	黄色	50 mm	实线	白色	黑色，黑体
可疑物料区	黄色	50 mm	实线	黄色	红色，黑体
不合格物料区	红色	50 mm	实线	红色	白色，黑体
毛坯区、展示区等	黄色	50 mm	实线	白色	黑色，黑体

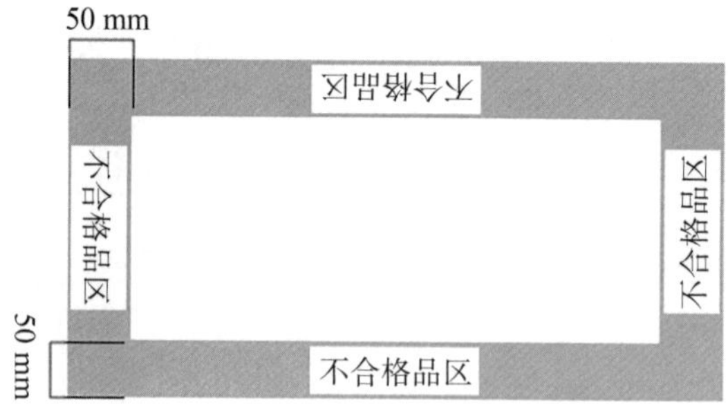

图 9-12　地面不合格品定置样式参考图

表 9-6　地面定置线参考表

物品类型	定置线	
	线宽	颜色名称
一般物品定置	50 mm	黄色
废品、化学品、危险品	50 mm	红色
卫生用品	50 mm	白色
电柜、消防设施	100 mm	黄黑斑马色
开门线	50 mm	黄色

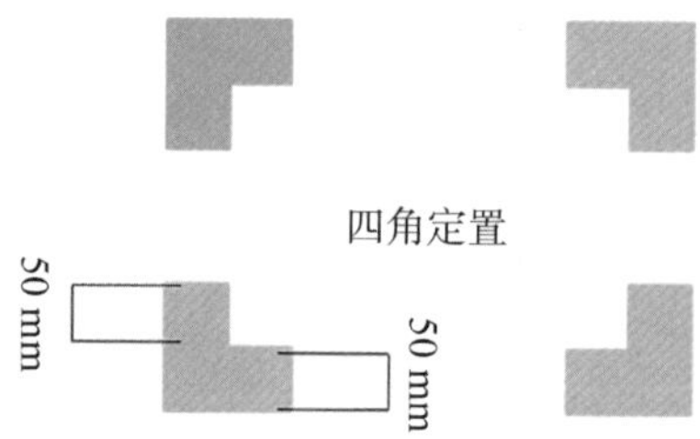

图 9-13　地面物品(一般物品)定置样式参考图

表 9-7　通道线绘制标准参考

通道类型	通道整体宽度		通道区域线	
	宽度	颜色名称	宽色	颜色名称
车行通道	4—6 m	自定义	100 mm	黄色
人行通道	2—3 m	绿色	50 mm	黄色
安全通道	2—3 m	绿色	50 mm	黄色
参观通道	2—3 m	蓝色	50 mm	黄色
物流通道	2—3 m	灰色	50 mm	黄色

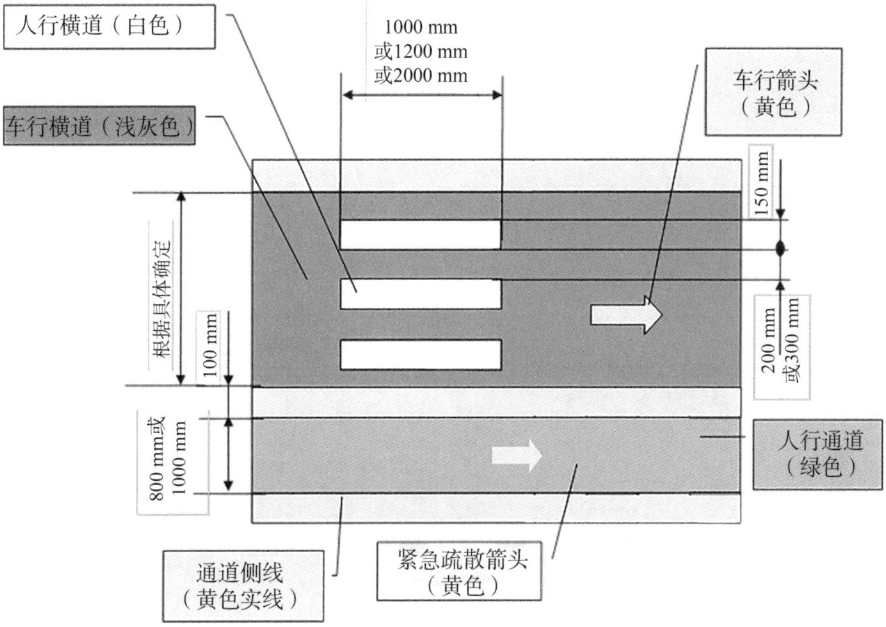

图 9－14　车间通道线绘制样式参考图

案例分享

案例 1：某企业 5S 管理实施案例

某制造企业正在实施与推进精益生产管理，为全面推进公司精益生产管理，降低在制品库存，缩短生产周期，企业围绕现场管理的状况开展了 5S 管理活动。为保证活动的顺利开展与持续改善，企业成立了 5S 管理项目推进组织，设立项目领导小组、项目推行办公室以及项目试点小组，明确提出具体的工作职责，积极开展各项活动。5S 管理活动过程示例见图 9－15。

在实施 5S 管理活动后，工作现场取得了较好的成果，具体的效果示例见图 9－16。例如试点班组在开展 5S 管理之前，员工工具柜摆放较为混乱，工具定置、定位不合理，造成员工在寻找工具、夹具和辅助工具时花费了过多的时间，造成了时间上的浪费。

通过试点班组制定 5S 管理制度，并对班组人员进行培训，班组人员的整体素质提高了，员工自愿实施整理、整顿、清扫、清洁，形成了 5S 管理的闭环式活动。在试点班组的总结分享中，员工表示，5S 管理项目的开展使原本杂乱的生产现场拥有干净和明亮的作业场所，形成全员参与的精益活动氛围。5S 管理项目的开展，在全体员工中强化了精益生产管理理念，促进了优秀企业文化的提升。

案例 2：办公室的 5S 管理案例

5S 管理不仅应用在制造企业的现场管理与改善，在办公室也可以引入 5S 管理理念。以某高校的办公室为例，通过实施 5S 管理，改善办公环境，提高工作效率。经过前期的整理、整顿，形成了较为干净整洁的办公环境，如图 9－17 所示。

图 9－15　5S 管理过程示例

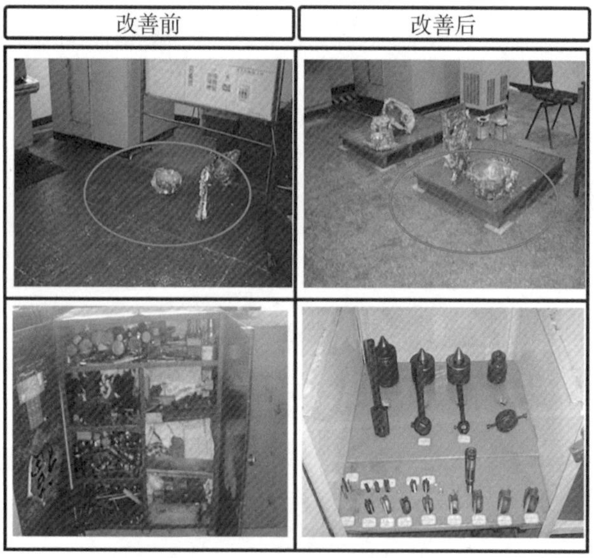

图 9－16　5S 管理效果示例

该学校在办公室的 5S 管理成功试点后，制定了实训室 5S 管理办法，将 5S 管理推广应用到实训室的管理工作中，实训室 5S 管理示例见图 9－18。学校根据不同实训室的特点，将责任区域划分为教师区、学生区、公共区、劳动工具区，制订各实训室 5S 管理操作标准及考核标准。每次上课结束后，老师和学生根据操作标准完成 5S 管理工作。对于 5S 管理实施

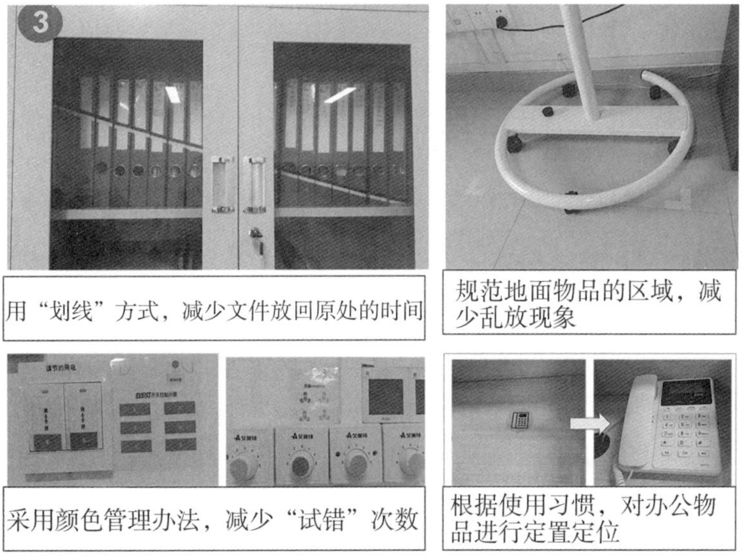

图 9－17　办公室 5S 管理实施举例

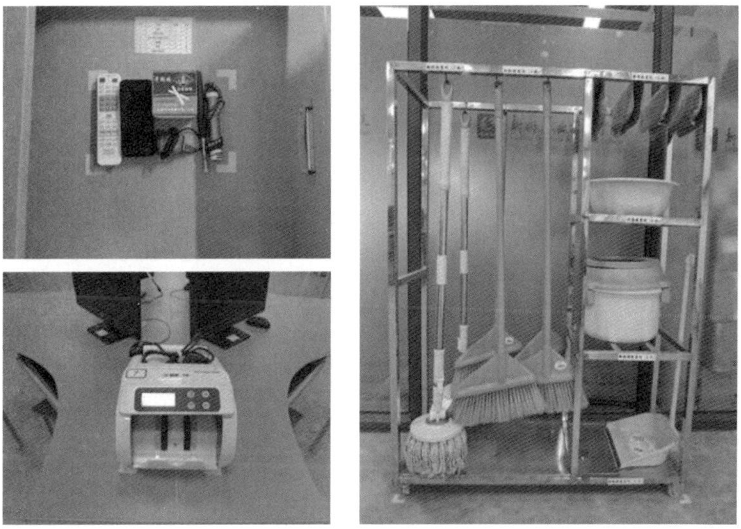

图 9－18　实训室 5S 管理示例

情况的考核，由学生管理员助理与实训管理员不定期抽查 2 次、分管领导一个月不定期抽查 1 次。通过这样的办法不仅解决了实训室卫生、清洁、干净、安全和设备定置困难的问题，还能将学生的职业素养培养计划贯穿于日常实训教学中，实现人人参与实训管理的目的。

想一想：除了工作场所，在家庭里是否也可以尝试用 5S 管理呢？大家不妨从我做起，从家庭做起，家庭全员参与其中，让我们的家庭及生活的环境更美丽、更温馨。

五、升级训练

生产情境：在实际生产操作中，员工素质是5S管理的实施效果得到保证的重要条件，但还是会有些“漏网之鱼”。请大家通过扫码观看视频中的情境，找出不符合5S管理要求的行为，并完成对问题和改进措施的描述。

视频资料

5S管理任务生产情境

请扫描二维码，认真观看视频，根据视频中的情境与任务要求，完成5S管理任务。

（一）任务名称

本任务的名称：寻找现场5S管理的“漏网之鱼”。

（二）任务要求

（1）个人独立完成。

（2）根据视频内容，找出不符合5S管理要求的行为，并描述问题和提出改进措施。

（3）根据视频内容，完成现场5S管理的“漏网之鱼”任务表。

（三）任务流程

（1）认真观看视频内容，找出不符合5S管理要求的行为并截图，将其插入相应的任务表单中。

（2）描述对应存在的问题。

（3）根据存在的问题制订相应的解决措施。

（四）任务成果

任务成果为现场5S管理的“漏网之鱼”任务表（见表9－8）。

表9－8　现场5S管理的“漏网之鱼”任务表

<table>
<tr><td colspan="5">姓名：</td></tr>
<tr><td>序号</td><td>项目类别</td><td>截图</td><td>问题描述</td><td>改进措施</td></tr>
<tr><td></td><td rowspan="3">整理</td><td></td><td></td><td></td></tr>
<tr><td></td><td></td><td></td><td></td></tr>
<tr><td></td><td></td><td></td><td></td></tr>
<tr><td></td><td rowspan="3">整顿</td><td></td><td></td><td></td></tr>
<tr><td></td><td></td><td></td><td></td></tr>
<tr><td></td><td></td><td></td><td></td></tr>
<tr><td></td><td rowspan="3">清扫</td><td colspan="3"></td></tr>
<tr><td></td><td colspan="3"></td></tr>
<tr><td></td><td colspan="3"></td></tr>
</table>

（续表）

序号	项目类别	截图	问题描述	改进措施
	清洁			
	素养			

六、任务评价

评价项目	评价标准	评价依据	总分（分）	评价方式			评分（分）
				自评	小组评价	教师评价	
				20%	30%	50%	
职业素养	1. 遵守课堂纪律 2. 具有团队合作精神 3. 能够在离开教室前完成自己座位的5S管理	1. 考勤 2. 学习态度 3. 课堂5S管理完成情况	30				
专业能力	1. 按要求完成宿舍5S管理各项内容的制订 2. 能够实施宿舍5S管理方案，并拍照搜集过程及成果材料	宿舍5S管理实施方案	40				
	1. 根据“生产情境”的视频，找出问题点，并进行截图 2. 根据视频情境，紧扣5S管理的要求，完成问题描述 3. 根据5S管理及视频情境，提出改进措施	现场5S管理的“漏网之鱼”任务表	30				
总　计			100				

七、自测习题

1. 不定项选择题

(1) 关于企业实施5S管理，以下说法正确的是(　　)。

A. 5S管理是日常工作的一部分，靠大家持之以恒

B. 做四个月就可以了

C. 第一次有计划的大家一起做,以后靠干部做
D. 车间做就可以了

(2) 企业的(　　)需要实施5S管理。
A. 车间　B. 办公室
C. 每一个地方　D. 仓库

(3) 5S管理是(　　)的责任。
A. 总经理　B. 推行小组　C. 中层干部　D. 公司全体员工

(4) 整顿指的是(　　)。
A. 区分"要"与"不要"　B. 物归其位,规范位置
C. 制订标准,确保成果　D. 形成自律

(5) 在5S管理中,(　　)更注重方法层面。
A. 清洁　B. 清扫　C. 整理　D. 整顿

(6) 关于清洁,正确的是(　　)。
A. 员工要形成良好的纪律观念
B. 将必需品进行分类摆放,并做好标识
C. 维持整理、整顿、清扫的成果,使之制度化、规范化
D. 清理现场每一个角落,去除与工作无关的物品

(7) 关于整理,正确的是(　　)。
A. 员工要形成良好的纪律观念
B. 将必需品进行分类摆放,并做好标识
C. 维持整理、整顿、清扫的成果,使之制度化、规范化
D. 清理现场每一个角落,去除与工作无关的物品

(8) 在整理活动中,明确"要"与"不要"的标准是(　　)。
A. 以我想要的作为判断依据,以备万一需要时可用
B. 以价值贵重与否为依据,避免浪费
C. 以使用频率为依据,现场只摆放工作中必要的、使用频率高的物品
D. 以物品大小为依据

(9) 在整顿活动中,给物品规范位置的标准是(　　)。
A. 按使用频率　B. 按喜好　C. 按大小　D. 按价值大小

(10) 在开展5S管理的过程中,要杜绝的思想有(　　)。
A. 上次用过,也许下次还用得着
B. 有了它会比较方便,暂时还是留着吧
C. 万一有故障就麻烦了,还是放着吧
D. 虽然是没用的东西,但是如果扔掉,哪天在需要的时候就麻烦了

(11) 在5S管理中,注重设备、物料、作业环境定位和改善的是(　　)。
A. 整理　B. 整顿　C. 清扫　D. 清洁

(12) 关于整顿的做法,正确的是(　　)。
A. 将已确定无用的物品要及时清理,腾出更多空间,并加以利用
B. 不能用的物品要进行报废处理

C. 整理有用的物品，规划存放位置并将其标识出来

D. 对有用的物品要加以合理管制，防止产生混乱

(13) 有关清扫的做法，错误的是(　　)。

A. 从地面到墙壁到天花板，彻底清扫整个空间的所有角落

B. 只需要进行大扫除

C. 机器、设备底部及运转部位是死角，可以不用注意

D. 细心寻找污染源及消除污染源

(14) 以下属于需要整理掉的物品有(　　)。

A. 工作台上过期的作业指导书　　B. 呆料或过期样品

C. 每天都使用的钳子　　D. 不再使用的配线、配管

(15) 5S 管理中的整顿的目的包括(　　)。

A. 消除“寻找”的浪费　　B. 保持工作场所清楚明了

C. 营造整整齐齐的工作环境　　D. 养成自律的工作习惯

2. 判断题

(1) 清洁就是集中大扫除。　(　　)

(2) 清扫不仅仅是打扫，它是生产制造中的重要部分，要维持最佳生产状态。　(　　)

(3) 工厂现场脏乱没关系，产品销量好就可以了。　(　　)

(4) 长年养成的工作习惯，虽然不合理，但便于操作，不必以公司的制度来约束，这样反而不便。　(　　)

(5) 5S 管理是一种持之以恒的项目，不能坚持的活，5S 管理难以成功。　(　　)

(6) 为了使清扫活动有效进行，需增加专门的清扫工。　(　　)

(7) 在开展清扫活动中，应该由本区域的员工负责。　(　　)

(8) 在 5S 管理中，我们不厌其烦地指导员工做整理、整顿、清扫、清洁，其目的不仅仅在于希望员工将东西摆好、设备擦拭干净而已，更重要的是，在于透过细微、简单的动作，让员工潜移默化地养成良好的习惯。　(　　)

任务十

企业的日常“保养”
——全员生产维护

一、任务学习目标

（一）知识目标

（1）理解 TPM 的定义及实施步骤。

（2）掌握设备综合效率的计算方法。

（二）能力目标

（1）能够根据实训设备，设计一份简单的设备点检表。

（2）能够根据数据资料，计算设备综合效率 OEE 的值。

（三）素质目标

（1）具备团队合作精神。

（2）具备责任意识、安全意识。

（四）任务导图

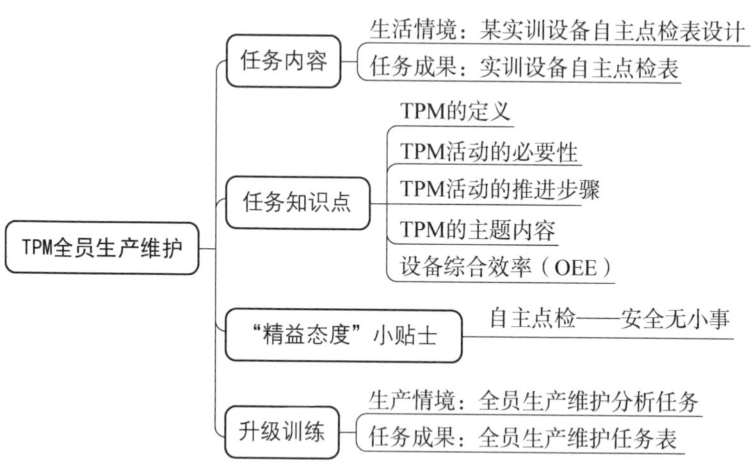

二、任务情境

生活情境：在实训课程中，有时会遇到实训设备坏了，或者出现小故障的情况，耽误上课进程。随着实训设备不断增加与更新,如果只靠实训管理员,难以完成所有的设备维护保养工作,以及设备维修工作。为了减少实训设备出现故障的情形,我们可以借鉴 TPM 的管理思想,全员参与实训管理,做好日常的实训设备保养、故障预防工作。请大家结合某实训室的实际情况,选择一种设备,设计该实训设备的自主点检表。

三、任务内容

(一) 任务名称

本任务的名称:某实训设备自主点检表设计。

(二) 任务要求

(1) 由 2～3 人组成小组,共同完成调研、讨论工作;

(2) 选取实训室的某个常用的设备(如地牛、AGV 小车、手持终端等)作为设计对象;

(3) 通过实训管理员、任课老师、使用班级学生了解设备常用功能及常见问题;

(4) 根据主要存在的问题,制订可行的设备点检项目、点检方式、基准、频率等,需保证这些点检项目能够由大多数使用者独立完成。

(三) 任务工具

(1) 5Why 分析表,样式见表 10-1。

表 10-1　5Why 分析表

问题描述	
分析人员	
5WHY 原因 分析	1Why
	⇩
	2Why
	⇩
	3Why
	⇩
	4Why
	⇩
	5Why
主要原因	

(2) 帕累托图(选用),样式见图 10-1。

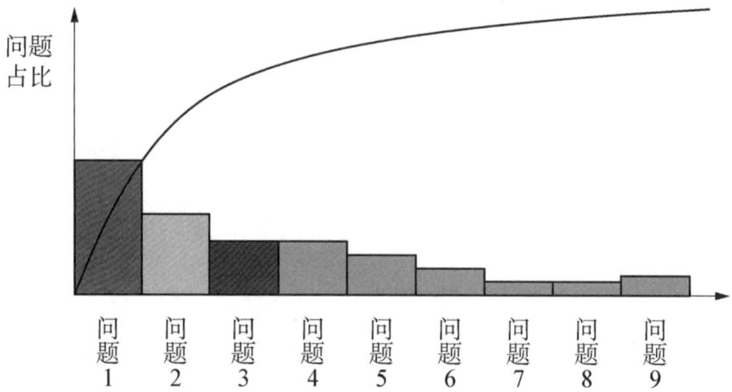

图 10-1 帕累托图

(四) 任务流程

(1) 选取相对熟悉的实训室,选择一种常用的、学生能够操作的实训设备作为分析对象。

(2) 小组成员分工开展调研工作,调研对象可以是实训管理员、任课老师、学生等,调研该设备常需要维修的问题,如果问题较多,可选用帕累托图进行统计,找出主要问题(2—3个)。

(3) 根据主要问题,应用 5Why 分析表分析出现该问题的主要原因,并记录在实训设备自主点检设计任务表中。

(4) 根据主要原因,从可预防、可日常操作的角度,提出预防措施。

(5) 结合预防措施,设计自主点检检查表,内容包括以下几点。

① 时段:点检的时间段,如使用前、使用中、使用后。

② 点检部位:设备需要检查的区域/部位,如控制面板、电源系统等。

③ 点检项目:需要检查的内容描述,如各按钮是否破损、显示屏是否正常、电源是否关闭等。

④ 点检方式:需用何种方式进行检查,如目视、手触、耳听、嗅觉等。

⑤ 基准:点检项目需达到的标准,如目视无破损、无异响、显示正常等。

⑥点检频率:多久开展一次点检工作,如每天、每班、每次课等。

任务成果

任务成果为实训设备自主点检表(见表 10-2)。

表 10 - 2　实训设备自主点检表

<table>
<tr><td colspan="6">小组名称：
小组成员：</td></tr>
<tr><td colspan="2">实训室</td><td colspan="2"></td><td>设备名称</td><td></td></tr>
<tr><td colspan="6">一、设备常见问题</td></tr>
<tr><td colspan="3">问题描述</td><td colspan="3">主要原因</td></tr>
<tr><td colspan="3"></td><td colspan="3"></td></tr>
<tr><td colspan="6">二、预防措施</td></tr>
<tr><td colspan="6"></td></tr>
<tr><td colspan="6">三、自主点检检查表</td></tr>
<tr><td>时段</td><td>点检部位</td><td>点检项目</td><td>检查方式</td><td>基准</td><td>点检频率</td></tr>
<tr><td></td><td></td><td></td><td></td><td></td><td></td></tr>
<tr><td></td><td></td><td></td><td></td><td></td><td></td></tr>
<tr><td></td><td></td><td></td><td></td><td></td><td></td></tr>
<tr><td></td><td></td><td></td><td></td><td></td><td></td></tr>
<tr><td></td><td></td><td></td><td></td><td></td><td></td></tr>
<tr><td></td><td></td><td></td><td></td><td></td><td></td></tr>
<tr><td></td><td></td><td></td><td></td><td></td><td></td></tr>
<tr><td></td><td></td><td></td><td></td><td></td><td></td></tr>
<tr><td></td><td></td><td></td><td></td><td></td><td></td></tr>
</table>

四、任务知识点

(一) TPM 的定义

全员生产维护(total productive maintenance，简称 TPM)是以提高设备综合效率为目标，以全系统的预防维修为过程，全体人员参与为基础的设备保养和维修管理体系。它的目

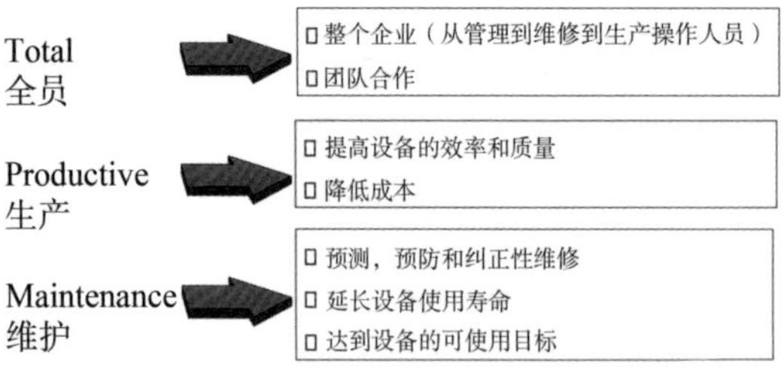

图 10－2　TPM 定义解析

的是通过最大限度地减少生产中的设备故障、生产停机时间，并通过有效的维护和保养，确保设备持续可靠地运行，使安全、质量和工作满意度处于更高水平。关于 TPM 定义解析见图 10－2。其内涵为：

(1) 以追求生产系统效率的极限为目标，实现设备综合管理效率的持续改进。

(2) 从观念改变到采取各种有效措施，在运行的生产系统中，以设备全生命周期为对象，追求零故障、零缺陷、零事故，防止发生损失。因此，必须建立防患于未然的理念，并将其贯彻于生产系统的“现场、现事、现物”中。

(3) 涉及全公司各部门，包括工厂的技术部门、行政部门、研发部门与营销部门等，来支持生产部门的效率化及低成本化。

(4) 从最高经营者至第一线操作员工，需全体参加。事实上，TPM 通过相关活动改变人的想法和行动，以使设备达到理想状态。

(二) TPM 活动的必要性

传统的设备管理常常陷入“损坏——维修——再损坏——再维修”的恶性循环，并且设备管理往往被认为是设备技术人员的责任。这就出现只有修理没有维护、各种小问题积累成大问题、忽视人对设备能力发挥的决定作用等现象。并且，对机器设备进行抢修，并不能解决根本性问题，不能减少故障发生的次数。除此之外，传统设备管理还存在较多的误区(见图 10－3)。

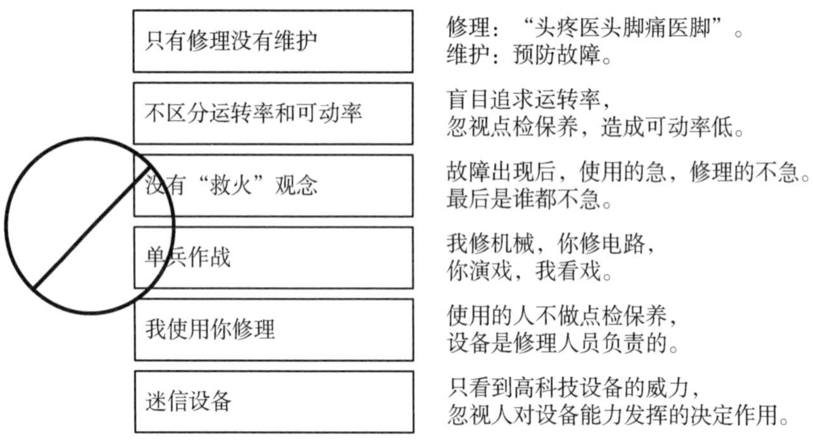

图 10－3　传统设备管理的误区

在设备故障管理中，我们能够看到设备暴露出来的问题只是冰山一角，而大量的问题是隐蔽的、潜在的，就像冰山藏在水中的部分(见图 10－4)。因此，我们通过追踪根本原因，将这些潜在问题归入日常的管理中，通过全体员工的良好合作，防止所有损失于未然，把设备使用效率提高到极限。

全员生产维护强调的是事前控制，防患于未然，它旨在提高生产设备的整体效率而非维修，让全体员工积极参与而不仅仅是管理人员参与其中。随着新技术的发展与应用，企业除了需积极导入各种先进设备和生产线外，更应该发挥全员的自主管理意识，保证设备的正常

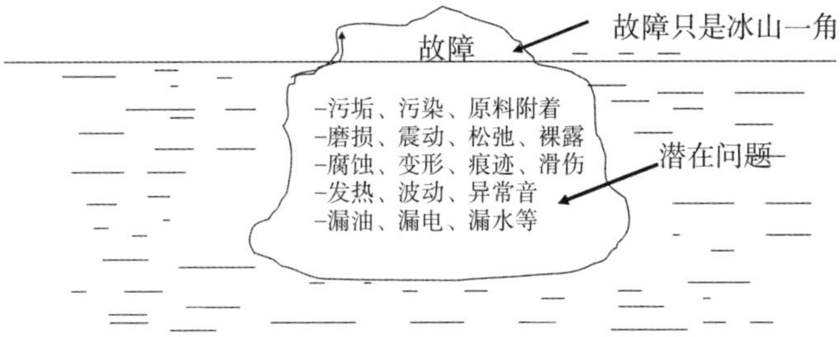

图 10-4　设备故障的表现形式

运转与维护，维持稳定的质量。全员生产维护可被视为企业管理的一种制度，也是一种管理方法，更是一种精神。实现设备零故障要从全员参与、细微之处做起。

想一想：设备专家发现，大部分的故障都是由于低级错误造成的，那么谁最容易发现这些错误呢？

（三）TPM 活动的推进步骤

全员生产维护活动的推进步骤主要分为四个阶段和十二个具体步骤（见表 10-3）。

表 10-3　TPM 活动的推进步骤

区分	步　骤
导入转变阶段	1. 高层决心导入
	2. 初期推进人员设置
	3. TPM 导入培训
	4. 设定 TPM 的基本方针与目标
	5. 拟定 TPM 展开的主计划
导入开始	6. TPM 的开始
导入实施阶段	7. 提高设备效率的改善活动
	8. 建立自主保全体系
	9. 建立维修部门的专业维修体系
	10. 提升维修技能训练
	11. 建立设备前期管理制度
安定阶段	12. TPM 全面推行并持续改进

（四）TPM 的主题内容

全员生产维护制度可分成三大部分：自主保全、专业保全、应急保全（见图 10-5）。

自主保全：设备使用部门的操作者对设备进行的日常保全。

专业保全：设备专业维保部门针对设备开展的专门维护。

应急保全：一有故障发生即刻修理。

我们要尽可能增加自主保全与专业保全活动，并尽可能使应急保全的工作量降至最低。这三部分内容是相互作用的，在使用中的设备应实施自主保全预防维修，使突发故障次

图 10－5 全员生产维护的主题内容

数减少为零。

1. 自主保全活动

设备自主保全是 TPM 中的一个非常重要且关键的部分，可分为五个步骤推进(见表 10－4)。

表 10－4 自主保全活动五步骤

自主保全活动的步骤	活 动 要 点
1. 初期清扫	□彻底的 5S 管理 □修理、修复
2. 发生源与难点问题对策	□难点问题对策计划 □对策实施
3. 设备总点检	□点检项目的识别 □点检标准制作和实施
4. 提高点检效率	□点检项目等重新评估 □目视管理活动推进
5. 自主管理体制建立	□管理标准化 □改善活动的自主实施

(1) 初期清扫。它是指通过彻底的 5S 管理与修理修复活动，使设备恢复初期状态。关于 5S 管理已在任务九中详细阐述。

(2) 发生源与难点问题对策。其主要内容包括找出引起一些慢性问题(如：油污、泄露、飞溅、粉尘、噪音等)的源头，以及由于客观原因一时还难以解决的问题。活动要点为制订解决难点问题的对策计划、实施方案。这些活动都需要紧扣根本原因，可采用 5Why 分析法、循环改善法进行。

(3) 设备总点检。它是指生产线员工进一步理解设备的结构、机能、原理，对照设备的理想状态，系统地对设备各部件制订点检标准。活动的要点为点检项目的识别、点检标准制作和实施。这涉及点检位置、项目、标准、周期、方法等。将这些项目确定后，能够制订出设备点检的标准化操作单 SOS(见图 10－6)、设备点检工作要素单 JES(见图 10－7)、自主保全设备点检检查表(见图 10－8)等，并借此培养了解设备功能与结构且能自己维护设备的作业人员。

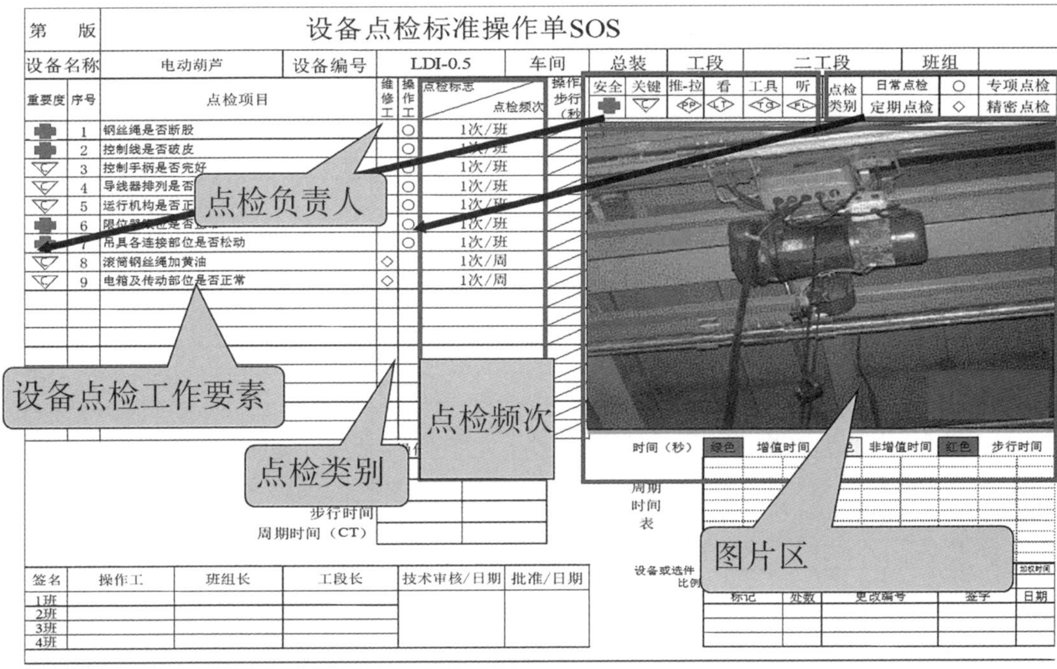

图 10-6　设备点检标准操作单 SOS 样式图

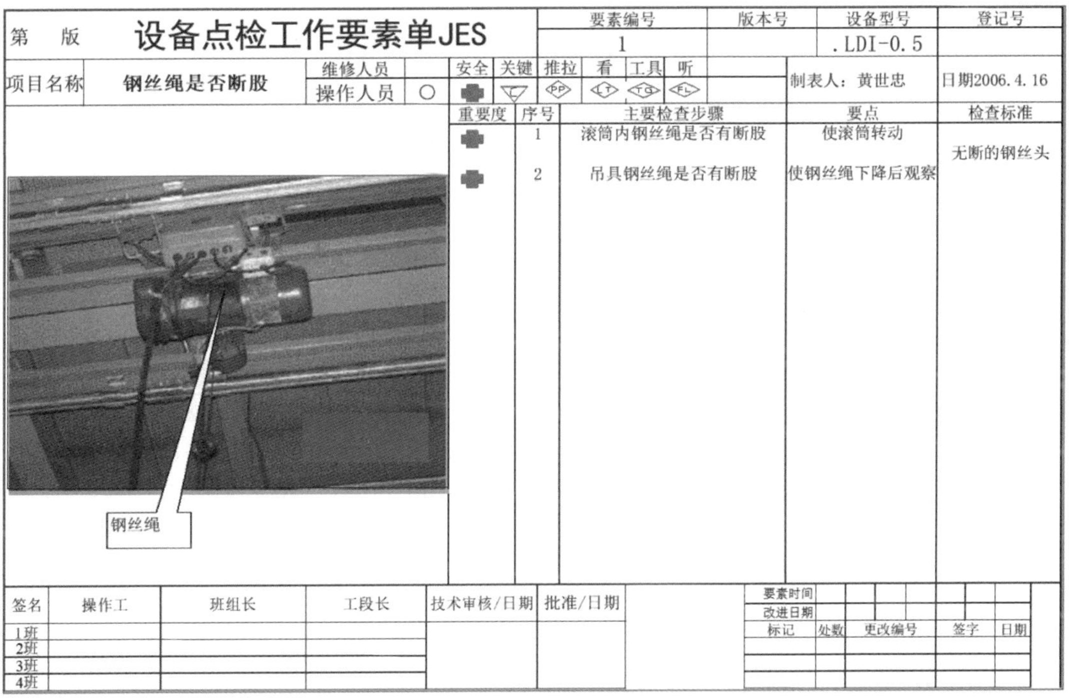

图 10-7　设备点检工作要素单 JES 样式图

设备名称		TT42数控车窗	设备编号			年　　月　　班组：																														
区分	**清扫部位**	**点检项目**	**检查方式**	**基准**	**周期**	1	2	3	4	5	6	7	8	9	10	11	12	13	14	15	16	17	18	19	20	21	22	23	24	25	26	27	28	29	30	31
清扫	机床表面	控制面板、显示器	目视/手触	无油污、灰尘	每天																															
		防护罩	目视/手触	无黄袍、油污	每天																															
		机床顶部	手触	无油污、灰尘	每周	○							○							○							○							○		
	传动部位	主轴、副轴、轨道	目视	无屑	每天																															
		上、下刀塔	目视	无屑	每天																															
	送料机	遥控器、防护罩	目视/手触	无油污、灰尘、黄袍	每天																															
		液压箱	目视/手触	无油污、灰尘	每周	○							○							○							○							○		
	卷屑器	侧面盖板、防护罩	目视/手触	无黄袍、油污	每天																															
		控制开关、电机	目视/手触	无油污、灰尘	每周	○							○							○							○							○		
		链条	手触	无油污、灰尘	每月	○																														
点检	电器部位	各按钮是否破损、灵活	目视	手感灵活/目视无破损	每天																															
		显示屏是否正常	目视	显示正常	每天																															
		空调温度是否正常	目视	显示在20~30℃	每天																															
		电器控制部分是否正常	目视/嗅感	检查有无气味/动作正常	每天																															
	液压系统	检查空气压力表	目视	压力表指针在5~6MPa之间	每天																															
		检查主轴、副轴、系统压力表	目视	检查指针在绿色区域内	每天																															
		是否漏油、漏水	目视	地面无油迹、水迹	每天																															
	机械传动部分	传动部位是否正常	目视/耳听	无异响运行平稳	每天																															
		主轴旋转是否正常	耳听	无异响，旋转正常	每天																															
	作业后	电源是否关闭检查	目视	关闭到位	每天																															
		气源是否关闭检查	目视	关闭到位	每天																															
区分		部位	油品种类	基准	周期																															
润滑		加油点	润滑脂	补充0.5kg	1年																															
		液压缸	M13液压油	液压油量低于下红线时，补充至上下红线之间	每月																															
		棒料机液压箱	32#抗磨液压油	棒料机油量低于下红线时，补充至上下红线之间	每月																															
每天设备开动时间																																				
每天故障停机时间																																				
巡检人																																				
注：操作者点检后记录、签名；记录符号，正常的划“√”，需要维修的划“×”，异常但不影响生产的划“—”，未生产的划“/”				操作者：																																

图 10－8　自主保全设备点检检查表

（4）提高点检工作效率。按照前述制订的各试行基准，制订更完善的点检基准，以提高自主维护水平。活动要点主要为重新评估点检项目等以及推进目视管理活动，主要工作内容如图 10－9 至图 10－11 所示。

点检内容的简化与优化	目视化管理活动的开展
· 进一步明确自主保全与专业保全的划分	· 安全注意事项的明示
· 省略或合并某些点检项目	· 复杂、重要操作的明示
· 调整或延长点检作业的周期	· 点检项目位置的标识
· 提高判定基准的精度	· 正确流向、转动方向的标识
· 使点检作业更直观、容易	· 维修备品、维修工具的形迹管理
……	……

图 10－9　提高点检工作效率的活动要点

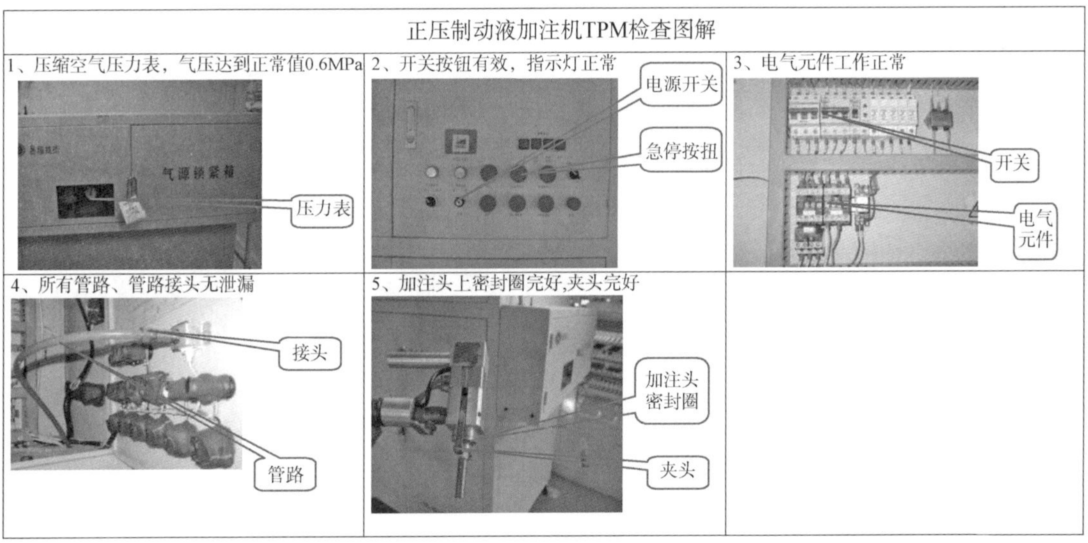

图 10－10　TPM 检查图解举例

图 10－11　目视化管理活动举例

（5）自主管理。该步骤主要是使自主保全活动成为一种制度，让其得以长期有效地开展。活动要点为管理标准化、改善活动的自主实施。实现自主管理的标志为：现场改善文化的形成、维护费用降低、自主维护比例提高。

2. 专业维修

专业维修主要包括维修计划管理、备品备件管理、维修专业人才管理。专业维修是基于日常的点检问题记录，制订合理的专业维修计划，避免造成过度维修的浪费。

（1）制订维修计划的相关内容（见图 10－12、图 10－13）。

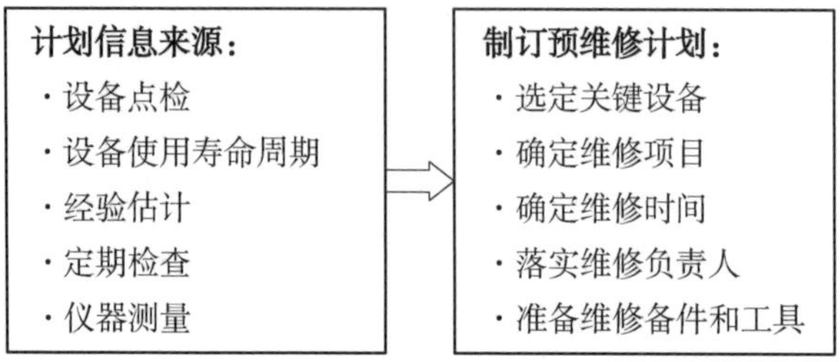

图 10－12　制订维修计划的相关内容

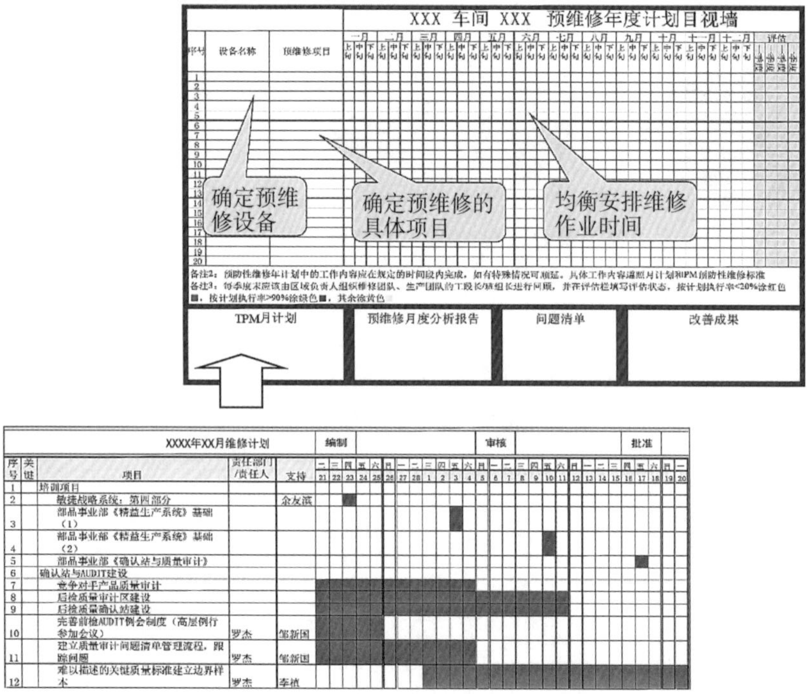

图 10－13　维修计划样式

（2）备品备件管理。设备备件到寿命周期就要更换，而不是等到故障发生后进行抢修再更换。备件提前更换只造成短时间的使用浪费，等到损坏后抢修则会造成停工的浪费。

3. 应急保全活动

设备因故障或性能退化而必须停止下来进行维修就是应急保全，也叫纠正性保全。设备出现故障后直接影响的是生产作业现场。紧急组织相关维修资源、恢复设备性能达到作业的标准是应急保全的基本原则。因此，需要建立快速响应机制和问题解决流程。

(五) 设备综合效率(OEE)

TPM的目标是要实现设备运行效益的最大化，那是不是设备运转率越高越好？我们来看下图(见图10－14)。

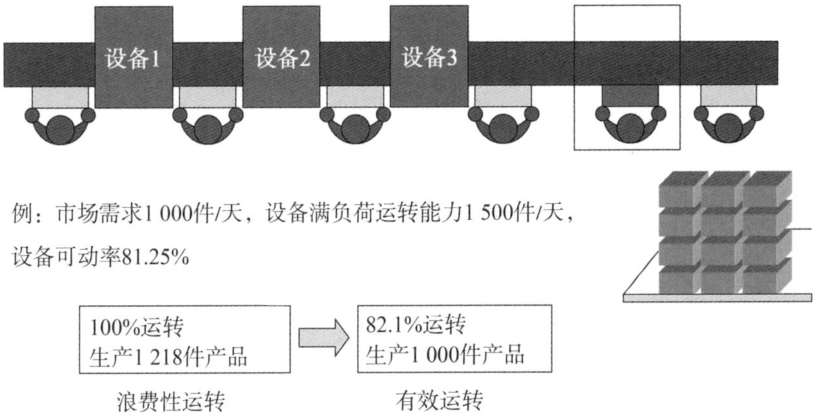

图10－14　设备运转率分析案例图

由上图可见：

(1) 设备服务于“适品、适量、适时”的生产目标。

(2) 做好设备维护，最大限度地提高设备可动率。

(3) 设备运转率取决于市场需求，并非越高越好。

1. 设备综合效率的定义

设备综合效率(overall equipment effectiveness，简称OEE)是用来评估设备效率状况，以及测定设备运转损失，研究其对策的一种有效方法。其基本构成如图10－15所示。

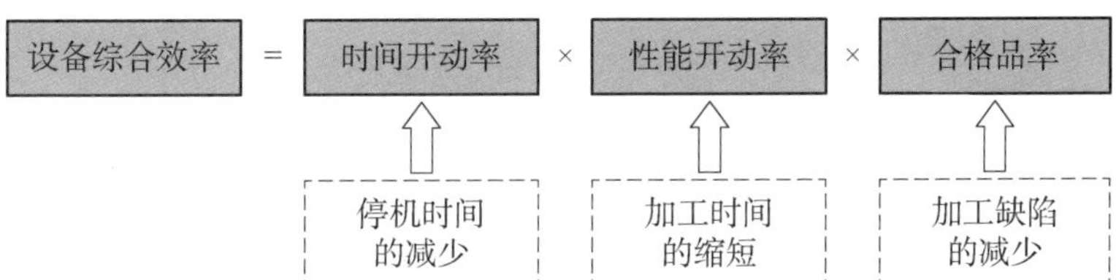

图10－15　设备综合效率的构成

从这些构成要素上，我们可以判断设备是否充分发挥了其性能。设备综合效率越接近100%越好，但实际生产中会受到各种因素的影响，一般情况下，机加工的生产设备的综合效率能维持在85%以上，或连续式生产型设备综合效率达到90%以上，属于生产状况良好的情形，当然，不同的行业、生产模式，它们的要求也有所不同。为提高设备综合效率，实现设备的有效运转，需关注与解决设备的六大问题：故障、调整、空转、速度、不良、启动。TPM是解决这六大问题的有效方法。

2. 设备综合效率的计算

设备综合效率的计算公式为：

$$\text{设备综合效率}=\text{时间开动率}\times\text{性能开动率}\times\text{合格品率}$$
$$=\frac{\text{负荷时间}-\text{停机时间}}{\text{负荷时间}}\times\frac{\text{理论加工周期}\times\text{加工数量}}{\text{开动时间}}\times\frac{\text{加工数量}-\text{不合格品数量}}{\text{加工数量}}$$

其中：时间开动率表示从设备负荷时间中扣除停机时间后的实际开动时间与负荷时间的比值；性能开动率表示理论开动时间与开动时间的比值，或者速度开动率及净开动率的乘积；负荷时间表示某单位时长（如每班、每天、每月）设备必须开动的总时间，也就是从设备的日历时间中，扣除生产计划的休止时间或者其他停机时间等；开动时间表示负荷时间中扣除故障、准备、道具更换及其他停机时间后的时间；加工数量表示合格品数与不合格品数的合计。

案例：某制造厂每个班次每天的上班时间是 505 分钟，其中包括用餐及休息时间，合计 1 小时，而实际出工的 445 分钟内，还包括早会、检查、清扫等共 20 分钟，因此生产线实际开动的负荷时间为 425 分钟。此时设备的理论加工时间为 0.8 分钟/个，因此在正常开动时间内，每天理论上应该有 531 个产出，但实际上却只有 310 个，测得实际加工时间为 1.1 分钟/个，而每天品种切换及故障停机时间平均约为 70 分钟，其他尚有各种短暂的设备停止动作。产品的不合格品率为 2%。

根据以上数据资料，计算该设备综合效率，完成设备综合效率计算表（见表 10－5）。

表 10－5 设备综合效率计算表

字母序号	代表内容	计算过程	结果	单位
A	上班时间		505	分钟
B	计划休息时间		80	分钟
C	负荷时间	A－B	425	分钟
D	停机时间		70	分钟
E	开动时间	C－D	355	分钟
F	理论加工周期		0.8	分钟/个
G	实际加工周期		1.1	分钟/个
H	加工数量		310	个
I	不合格品率		2%	
J	时间开动率	(E/C)×100%	83.5%	
K	性能开动率	[(F×H)/E]×100%	69.9%	
L	合格品率	100%－I	98%	
	设备综合效率	J×K×L×100%	57.2%	

由结果可知，设备综合效率为 57.2%。从本案例中发现，提高设备性能开动率，对设备综合效率的提高效果最明显，这就意味着要避免设备故障，也就是要追求设备零故障。

“1+X”小课堂

1. 5Why 分析法

5Why 分析法，是一种诊断性技术，被用来识别和说明因果关系链，也被称作“为什么—为什么”分析法、“5 个为什么”分析法。5Why 分析法的关键是鼓励解决问题的人努力避开主观或者自负的假设和逻辑陷阱，从结果着手，沿着因果关系链顺藤摸瓜，找到问题的根本原因。虽为“5 个为什么”，但使用时不限定只做 5 次“为什么”的探讨，有时可能只要几次，有时也许要十几次，要到找到根本原因为止，用中国古话来说就是“打破砂锅问到底”，包含了锲而不舍、不断探索、追本溯源的精神。

在制造现场，主要透过“人、机、料、法、环”进行系统的分析。对“人、机、料”，要分析为什么该特定问题会发生？对“法”，要分析为什么该问题没有被检查、检验到？对“环”，要分析为什么管理体系、流程会让该问题发生？每个层面经过连续 5 次或 N 次的询问，得出最终结论。只有以上三个层面的问题都被探寻出来，才能发现根本问题，使问题得到解决。

5Why 经典案例——探究某次停机的真正原因

问题一：为什么机器停了？

答案一：因为机器超载，保险丝烧断了。

问题二：为什么机器会超载？

答案二：因为轴承的润滑不足。

问题三：为什么轴承会润滑不足？

答案三：因为润滑泵失灵了。

问题四：为什么润滑泵会失灵？

答案四：因为它的轮轴耗损了。

问题五：为什么润滑泵的轮轴会耗损？

答案五：因为杂质跑到里面去了。

经过连续五次不停地问“为什么”，才找到问题的真正原因和解决的方法，即在润滑泵上加装滤网。

如果员工没有以这种追根究底的精神来发掘问题，他们很可能只是换根保险丝草草了事，真正的问题还是没有得到解决。

2. 帕累托图

帕累托图是将出现的问题按照重要程度依次排列的一种图表，主要应用于质量管理、PQ 分析（产品与产量分析）、问题分析等。帕累托图遵循“二八”原理，即百分之八十的问题是百分之二十的原因所造成的，其应用及图示见图 10-16。因此，可以用帕累托图在管理中找出产生大多数问题的关键原因，用来解决大多数问题。其步骤为：

第 1 步，按照产生问题的数量排序，计算各问题数量所占的比例；

第 2 步，逐项累计百分比；

第 3 步，框定累计占比 80%左右的问题项目；

第 4 步，确定问题类型，并制定策略。

问题类型	出现次数	累计次数	占总产量的百分比	累计百分比
问题 1	48	48	29.3%	29%
问题 2	45	93	27.4%	57%
问题 3	38	131	23.2%	80%
问题 4	7	138	4.3%	84%
问题 5	6	144	3.7%	88%
问题 6	5	149	3.0%	91%
问题 7	4	153	2.4%	93%
问题 8	3	156	1.8%	95%
问题 9	3	159	1.8%	97%
问题 10	1	160	0.6%	98%
问题 11	1	161	0.6%	98%
问题 12	1	162	0.6%	99%
问题 13	1	163	0.6%	99%
问题 14	1	164	0.6%	100%
合计	164	164	100%	100%

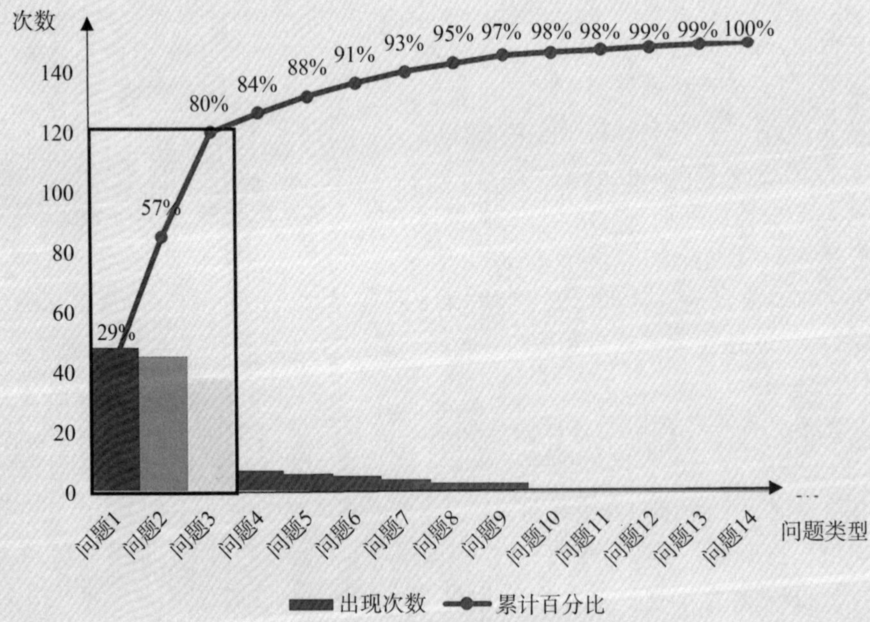

图 10 - 16　帕累托图举例

“精益态度”小贴士

自主点检——安全无小事

自主点检是员工上岗前需要完成的工作，是指对设备状态的检查与维护，对工作现场的安全状况进行摸底和分析，认真检查工作区域的不安全因素。虽然点检的内容看起来简单而重复，但这是涉及生产安全的重要工作，需要严格按照标准进行，切勿掉以轻心。海因里希法则就体现了安全无小事。它提出的 300∶29∶1 法则，是指每发生 330 起意外事件，有 300 件未产生人员伤害，29 件造成人员轻伤，1 件导致重伤或死亡。这就要求在生产中要重视事故的苗头和未遂事故，否则终会酿成大祸。因此，自主点检活动能有效地确保设备运转前的运行状态，确保生产环境无安全隐患，从而保证生产安全运转，不发生故障和事故。

案例分享

案例：移动互联信息技术在自主保全中的应用

自主保全活动室的设备使用者负责对设备实施的日常管理和维护。而自主点检就是员工在上岗前对设备状态、工具状态、安全情况等进行检查的工作，一般可使用自主点检表来完成。为了提升自主点检的效率，便于数据的实时收集与分析，可将移动互联技术应用在自主点检活动中。

在柳州职业技术学院的精益生产全景工厂中，为了保证实训过程的顺利进行，工厂中各岗位都设置了自主保全的点检工作。为确保使用者都进行实训设备、工具的自主保全点检工作，工厂采用了移动互联的信息技术(见图 10-17)，用来管理自主保全的点检工作进行情况，分析实训设施设备的状态，制订专业维护计划。在各岗位上，使用者可以扫描工位二维码，根据界面出现的点检项目、点检标准进行操作，如发现异常，可实时上报，相关部门可快速响应并解决问题。事后可以对数据进行分析总结，为之后的事前控制提供数据支持。

图 10-17 移动互联信息技术应用示意图

五、升级训练

生产情境：在实际生产中，为保证生产的质量、安全等，员工在正式开始一天的工作前，需要完成设备的自主点检工作，这项工作虽然看起来简单，但却非常重要。请大家扫码观看视频中的情境，通过情境以及所给的资料完成自主保全的设备点检表，并计算设备综合效率，分析改善方向。

视频资料

精益生产全景工厂的设备自主保全情境

请扫描二维码，认真观看视频，根据视频中的情境与任务要求，完成全员生产维护分析任务。

任务情境的其他资料：假设该生产线每班次的上班时间为480分钟，各种计划休息时间总计30分钟，各种故障停机时间平均约10分钟，该生产线的理论加工周期为1分钟/个，但经过测算实际加工周期为1.1分钟/个，每班实际加工数量为380个。该生产线的合格率为98%。

（一）任务名称

本任务的名称：全员生产维护分析任务。

（二）任务要求

（1）个人独立完成；

（2）根据视频的情境内容，完成设备点检表；

（3）根据以上所给资料，计算设备综合效率OEE的值，并根据结果，分析改善方向，填写设备综合效率提升建议。

（三）任务工具

OEE计算表（见表10-6）。

表10-6 OEE计算表

字母序号	代表内容	计算过程	结果
A	上班时间	—	
B	计划休息时间	—	
C	负荷时间	A—B	
D	停机时间	—	
E	开动时间	C—D	
F	理论加工周期	—	
G	实际加工周期	—	
H	加工数量	—	

（续表）

字母序号	代表内容	计算过程	结果
I	不合格品率	—	
J	时间开动率	(E/C)×100%	
K	性能开动率	(F×H)/E	
L	合格品率	100%-I	
	设备综合效率	J×K×L×100%	

（四）任务流程

(1) 认真观看视频内容，填写进行点检工作的时段，如：使用前、使用中、使用后等。

(2) 根据视频内容，填写点检工作涉及的具体点检部位，如：电动工具、配送小车等。

(3) 根据视频中演示的操作过程，填写点检项目，如：扳手接触是否良好、套筒是否有裂纹等。

(4) 根据视频内容，填写检查方式，如：目视、手触、耳听、嗅觉等。

(5) 根据视频内容，填写点检基准，如：无灰尘、无杂物、无油污等。

(6) 根据视频内容，填写点检频率。

(7) 根据情境的数据信息、OEE计算表，填写数据，计算设备综合效率，并根据结果，分析应从哪些方面进行改善，以提高设备综合效率。

（五）任务成果

任务成果为全员生产维护任务表(见表10-7)。

表10-7 全员生产维护任务表

姓名： 学号：					
一、自主点检检查表					
时段	点检部位	点检项目	检查方式	基准	点检频率

（续表）

二、OEE 计算表			
字母序号	代表内容	计算过程	结果
A	上班时间	—	
B	计划休息时间	—	
C	负荷时间	A－B	
D	停机时间	—	
E	开动时间	C－D	
F	理论加工周期	—	
G	实际加工周期	—	
H	加工数量	—	
I	不合格品率	—	
J	时间开动率	(E/C)×100%	
K	性能开动率	(F×H)/E	
L	合格品率	100%-I	
	设备综合效率	J×K×L×100%	
三、设备综合效率提升建议			

六、任务评价

评价项目	评价标准	评价依据	总分（分）	评价方式			评分（分）
				自评	小组评价	教师评价	
				20%	30%	50%	
职业素养	1. 遵守课堂纪律 2. 具有团队合作精神 3. 能够从实训设备实际使用的角度，认真完成任务	1. 考勤 2. 学习态度 3. 课堂实训设备点检任务的参与完成情况	30				

（续表）

评价项目	评价标准	评价依据	总分（分）	评价方式			评分（分）
				自评	小组评价	教师评价	
				20%	30%	50%	
专业能力	1. 能够认真选取一种教学常用的实训设备 2. 能够分析出主要存在的问题及主要原因，并设计对应的点检项目 3. 所设计的点检项目合理，可操作性强 4. 实训设备的点检工作完成时间尽量控制在5分钟以内	实训设备自主点检表	35				
	1. 能够根据“生产情境”的视频，完整填写点检表的内容 2. 能够根据所给的数据信息，计算设备综合效率OEE 3. 根据计算结果，分析改善方向，填写改善建议	全员生产维护任务表	35				
总　计			100				

七、自测习题

1. 不定项选择题

(1) 全员生产维护追求(　　)。

A. 零故障　　B. 零缺陷

C. 零事故　　D. 零库存

(2) 全员生产维护强调的是(　　)。

A. 事前控制　　B. 事中控制

C. 事后控制　　D. 以上都对

(3) 自主保全活动的第一步是(　　)。

A. 发生源与难点问题对策　　B. 设备总点检

C. 提高点检效率　　D. 初期清扫

(4) 设备综合效率涉及的指标有(　　)。

A. 时间开动率　　B. 性能开动率

C. 资金周转率　　D. 合格品率

(5) 全员生产维护的主题内容包括(　　)。

A. 自主保全　　B. 专业保全

C. 应急保全　　D. 以上都不对

2. 判断题

（1）全员生产维护强调事后控制。（　　）

（2）全员生产维护的理念要求设备维护由设备管理部门专门负责。（　　）

（3）设备总点检指的是生产线员工进一步理解设备的结构、机能、原理，对照设备的理想状态，系统地对设备各部件制订点检标准。（　　）

（4）实现设备“零故障”要全员参与，从细微之处做起。

（5）全员生产维护中的自主保全、专业保全、应急保全三块内容是相互独立的。（　　）

任务十一

“精益”从身边开始

——精益改善提案

一、任务学习目标

（一）知识目标

（1）掌握精益改善的含义。

（2）理解改善提案的立足点。

（二）能力目标

（1）能够综合运用精益知识进行简单的改善。

（2）能够完成一份简单的精益改善提案。

（三）素质目标

（1）能不断提升发现问题、解决问题的能力。

（2）能够具备发现身边浪费现象的意识。

（四）任务导图

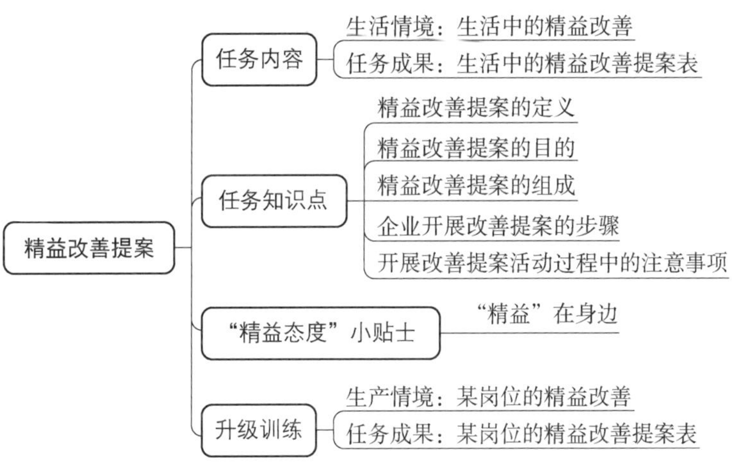

二、任务情境

生活情境:在我们熟悉的日常生活和学习中,也有很多精益生产知识的用武之地。大家可以通过观察校园各学习和生活场所,结合所学的精益生产知识,发现身边的与自己息息相关的一些需要改善的问题点,进行分析与改善,完成一份完整的精益改善提案。

三、任务内容

(一) 任务名称

本任务的名称:生活中的精益改善。

(二) 任务要求

(1) 个人独立完成。

(2) 可以以校园各场景为观察点,可以是食堂、宿舍、图书馆、实训室等。

(3) 聚焦一个问题点,且要是自己相对熟悉的。

(4) 在做出改善对策时,需符合低成本、易实施的要求。

(5) 对应的改善效果,应采用定性定量相结合的方式描述。

(6) 对问题点、改善效果的描述可借助照片进行说明。

(三) 任务流程

(1) 根据所选择的观察点和观察对象,填写“改善课题”,需体现观察点和归纳作用。

(2) 在精益改善提案表中的“提案者”一栏填写自己的姓名、学号。

(3) (选填)在表中的“实施者”一栏填写参与实施该提案的相关人员姓名。如果该方案并未得到实施,可不填。

(4) (选填)在表中的“验证者”一栏填写参与该方案验证的相关人员姓名。如果该方案并未进行验证,可不填。

(5) 根据所改善的方向,填写表中的“改善类型”一栏,如:动作浪费改善、搬运浪费改善、安全改善等。注意一个改善提案只涉及一个改善点。

(6) 在“现状描述”中填写观察点存在的问题,需能够清楚地说明问题现状,建议可附上现场照片。

(7) 在“改善方法”中填写应用到的改善工具、方式,必须符合低成本、易实施的原则。

(8) 在“实施计划”中填写该提案实施所需的时长。如果已实施,可根据实施情况填写,如果未实施,可预估所需要的时长。根据提案情况,在“需要的资源与成本”中填写所需的人员、物资、资金等相关资源情况。

(9) 将提案的改善效果填写至“实施效果描述”中。建议从定性、定量等方面进行描述。如果已实施,或模拟验证实施,可附上照片。

(四) 任务成果

任务成果为生活中的精益改善提案表(见表 11-1)。

表 11－1 生活中的精益改善提案表

改善课题：	
提案者：	
实施者：（选填）	
验证者：（选填）	
改善类型：	
现状描述	改善方法
实施计划	
改善方法时长： 需要的资源与成本：	
实施效果描述	

四、任务知识点

视频资料

如何开展改善提案

请扫描二维码，认真观看视频，初步了解什么是改善提案，如何开展改善提案。

（一）精益改善提案的定义

关于精益改善提案，是指员工围绕自己的工作提出的，提高效率及质量、降低成本、改善环境或提高员工士气的，减少和消除现场浪费的，并能够以低成本方式实施且易于实施的，由员工自己实施或参与实施的建议。在定义中，主要体现了精益改善提案的“一个立足点、五个方向、一个原则，两个要求”。

（1）一个立足点：立足自己的工作岗位。它倡导员工立足自己的工作岗位，寻找岗位周围管理不到位的细微之处，提出改进建议。改善提案不倡导以下情况：①引导但不倡导提自己甚至连部门都难以实施的建议；②只是对他人工作或公司的管理发牢骚；③只提问题而不提改进建议；④不主动动手动脑去解决问题。关于精益改善提案的范围见图 11-1。

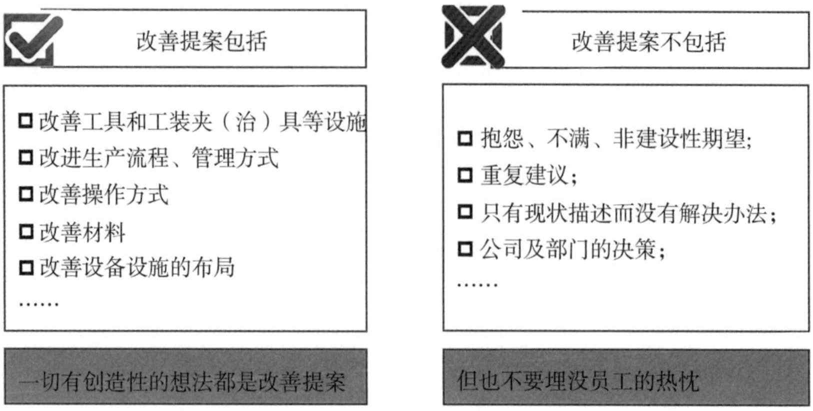

图 11-1 精益改善提案的范围举例

（2）五个方向：两高一低，即提高效率及质量、改善环境或提高员工士气、降低成本。改善提案只要能够促进上述几个方面的实现，对它的态度都是倡导的，因此从范围上讲改善提案是非常广泛的。

（3）一个原则：减少和消除浪费。企业存在的浪费侵蚀了企业的竞争力，我们要让员工清楚认识生产制造过程中的七大浪费，建立消除浪费的意识，积极提出改善方法来消除浪费。在员工操作中感到不方便、存在浪费的地方都可以开展改善活动，创造出一个减少浪费的工作环境，树立持续改善的意识。

（4）两个要求：低成本，易实施。它提倡员工提出涉及范围小（围绕自己工作岗位）的，能够以低成本的方式，由员工自己或在其他人的支持下容易实施的改善提案。改善提案与企业的 QC（质量控制）活动、技术革新项目等最大的不同之处就在于"小"。

（5）改善提案需由员工自己实施或参与实施，提倡员工自己动手实施改进，企业要尽全力支持员工实施改善提案。在实施改善提案的过程中，员工才会有强烈的参与感，才会有成就感。员工是现场和工作的主人，可以用自己的智慧和双手改变自己的工作，而不再只是被动接受工作指令的生产线上的"机器"。

（二）精益改善提案的目的

1. 员工参与精益改善提案活动的意义

（1）培养员工的问题意识和改善意识，改善员工精神面貌，创建积极进取、文明健康的企业文化。

（2）提高员工发现问题和解决问题的能力，提高员工的技能水平。

（3）改善员工工作环境，提高员工满意度；改善设备的运行条件，提高设备运行效率。

（4）培养员工从细微处着眼消除各种浪费、损耗，降低成本，提高效率的意识。

2. 企业开展精益改善提案活动的目的

企业通过开展精益改善提案活动培养员工的改善意识，形成全员参与的氛围，从而持续消除现场存在的浪费，最终实现企业竞争力的持续提升。关于精益改善提案的目的逻辑见图 11－2。

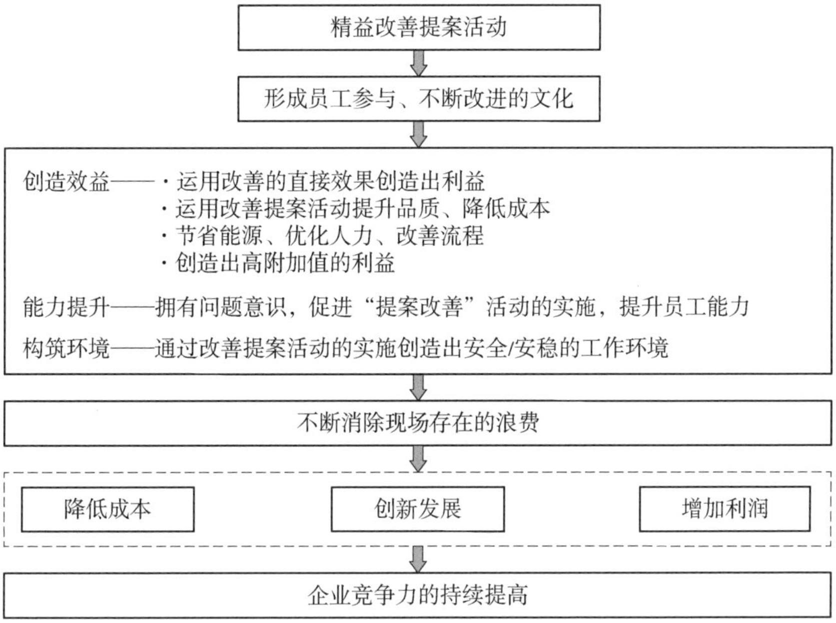

图 11－2 精益改善提案的目的逻辑图

想一想：假设一个工段有 100 个岗位，每一个岗位各有 20 项具体的涉及人、机、料、法、环的事项（细节），那么这个工段的现场就有 2 000 个具体的事项需要考虑如何做好，如果这 2 000 个具体的事项（细节）交给车间的 10 个管理和技术人员（包括工段长、副段长、班组长、技术人员等）去考虑，想一想他们能做好吗？

（三）精益改善提案的组成

1. 精益改善提案的内容

一般情况下，精益改善提案是将提案信息放在一页纸内，其样式没有固定格式，可根据使用单位的需求情况进行调整。一般情况下，在一页纸内的精益改善提案表，主要包括提案者的基本信息、改善前的问题描述、改善方法描述、实施效果描述等内容（见表 11－2）。

表 11－2 精益改善提案表

改善提案							
改善课题：							
提案者		实施者		日　期		验证部门	
改善工程		实施部门		改善类型		验证者	
问题描述				改善方法			

（续表）

班组意见		负责人签字：
车间意见		负责人签字：
归口部门意见		负责人签字：
采纳实施：		
实施负责人：		
计划完成时间：		
所需资源：		
实施效果评价	评价人： 日期：	

2. 精益改善提案的书写要求

(1) 每一份提案只针对一个改善主题,不能一份提案有多个改善主题。

(2) 提出的改善方法,需符合低成本、易实施的要求。在整个提案中要体现:怎么做(改善方法)、为什么要这样做(问题描述)、谁来做(实施者)、所需时间及成本等。

(3) 对于现状的描述,要以事实为依据,并言简意赅地表述存在的问题。

(4) 对于改善效果的描述,应尽量使用数据进行说明,如提高的效率(百分比)、增加的产量(××件/天/人)、减少的损失(百分比)、降低的成本(元)等。

(四) 企业开展改善提案的步骤

(1) 第一步:改善提案的培训和宣传。要营造积极提出改善提案的氛围,增进员工之间的交流。需要进行培训与宣传的内容包括:

① 什么是改善提案。要清楚地告诉员工我们倡导的改善提案应是什么样的,什么是好的改善提案。避免员工由于不了解,提出的方案差强人意并被否决后出现丧失积极性的现象。

② 改善提案的管理制度和管理流程。

③ 让员工知道如何提改善提案。

④ 精益生产知识。让员工认识现场的浪费。

⑤ 有关对员工提出改善提案的表彰和奖励信息。

(2) 第二步:管理人员和支持人员达成共识。

(3) 第三步:制定改善提案管理制度和流程,关于改善提案管理流程的列举见图 11 - 3。其注意事项具体包括以下几个方面。

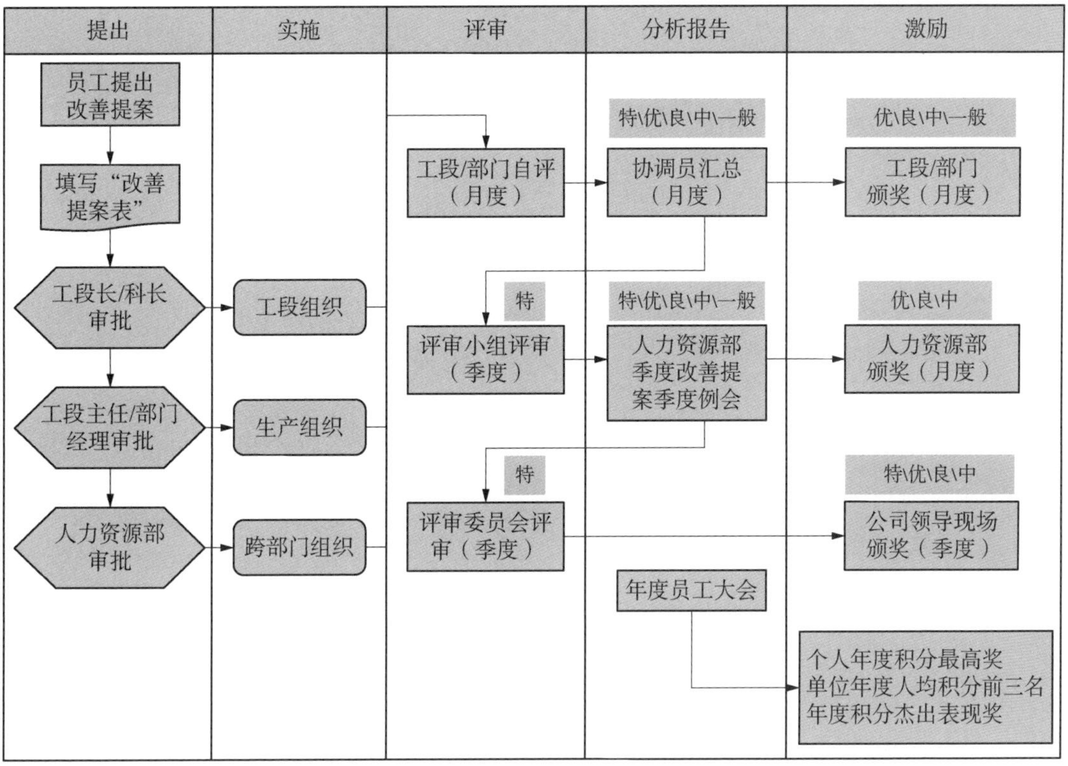

图 11－3 改善提案管理流程举例

① 根据企业职能构架和企业管理人员资源情况制定企业改善提案管理制度和流程，支持企业改善提案活动的开展。

② 企业改善提案的管理流程应简洁、严谨、注重激励，这样才会在实际操作中发挥作用。

③ 改善提案表格需要具体介绍给每一位员工，以保证他们正确地填写改善提案表格。

（4）第四步：建立改善提案推进组织。企业在改善提案推进的过程中发现很多的改善提案仅由自己本部门是无法实施和完成的，需要各个部门支持和配合才可能实现，这就需要有一个组织对跨部门的建议进行协调和处理。推进组织的建立是改善提案能够顺利实施的资源保证，是保证改善提案成功实施的关键要素。

（5）第五步：开展改善提案目标管理。根据企业的实际情况，分析员工构成和素质状况，设定相应的部门改善提案指标，并将其作为管理人员的绩效指标（如参与率、实施率、提出率、反馈率等）。改善提案目标管理可以促进管理人员主动去调动员工提出改善提案的积极性，也促使管理人员主动沟通和交流来维护改善提案管理的氛围。

（6）第六步：做好改善提案的统计分析工作。将改善提案相关数据统计到改善提案统计表中，样式见表 11－3。改善提案统计与分析的内容包括各工段改善提案数量、改善提案的参与率、改善提案的实施率、部门目标完成情况、改善提案分布特点等。根据统计结果，可以分析出企业改善提案活动的开展情况、实施不顺畅的原因，可以为后续改进提供支持。

表 11－3　改善提案统计表样式

序号	改善提案名称	所属范围						提出者	工段/科	提交日期	实施责任人	实施部门	实施状态				评定组织			最终评定级别						所获积分值
		安全	质量	效率	成本	组织发展	综合						未实施	正在实施	实施完成	取消	部门自评	评审小组	评审委员会	不评	一般	中等	良好	优秀	特优	

(7) 第七步:给予表彰和奖励。奖励可以分为物质奖励和精神奖励,通过奖金给予对个人价值的肯定。及时、清楚地对提出改善提案并获得不错效果的员工给予奖励是改善提案管理的重要环节,前期奖励时可以采取事件放大方法,通过形式引导和宣传向员工传达管理者的想法。充分利用企业的宣传资源给予员工充分的精神鼓励,塑造良性的企业改善氛围。

(五) 开展改善提案活动过程中的注意事项

(1) 要对所有改善提案进行及时反馈,无论建议是否可行,都应该给建议人一个面对面的答复。落实的改善提案应及时对提出改善提案的人员给予表彰和奖励。

(2) 开展改善提案活动首先是要让员工有意愿去改善自己的岗位工作,同时还要考虑让员工有能力去改善自己的岗位工作(通过培训提高员工的个人能力和树立消除浪费的意识)。

(3) 改善提案活动过程中,重要的是要体现对员工的尊重。

“精益态度”小贴士

“精益”在身边

实施精益改善提案,是希望企业的每一位成员能够立足岗位,去发现自己熟悉的工作内容、工作环境中存在的问题。从企业层面来说,能够促进企业降本增效;从员工层面来说,能够形成消除浪费的改善意识。

在生活中,也可以“精益”起来,如合理安排时间,减少等待浪费;根据家庭成员的习惯摆放与收纳物品,可以让我们拥有舒适便捷的环境;根据 JIT 模式,根据需求拉动物品的采买,减少库存浪费等。“精益”是一种心态,是关于如何看待和处理问题的模式,这让员工能够形成一种正反馈,保持着积极向上、追求尽善尽美的精益精神。这其实是培养人们能够打破思维惯势,能够主动地去思考、去创造、去改善的态度。

案例分享

案例 1:某发动机生产企业组织改善提案活动的收获

某汽车发动机生产企业长期致力于精益生产的推进工作,多年以来在现场持续推进精益改善提案活动,员工们也积极参与各项改善活动。在 2022 年 1 月至 3 月,通过改善提案活动累计节创金额效益约 4.1 万元,累计节创辅助工时效益约 128 小时。近三年以来,该企业已实施的精益改善提案共 121 条,累计节创金额效益 1 000 万元,累计降低辅助工时效益 5 万小时。关于该企业 2022 年 1 月至 3 月的精益改善提案的效益见图 11 - 4。通过全员参与精益改善提案活动,充分发挥了员工的智慧潜力,发扬员工的主人翁精神,对岗位、对企业的经营做出了贡献。

案例 2:“小镜子,大改善”——某装配工位的改善案例

某汽车发动机装配线的某个操作工位,其中一项工作内容是需要确认零部件是否安装到位。由于需要确认的部位在发动机后方,员工不得不倾斜身体进行确认,这不仅影响效

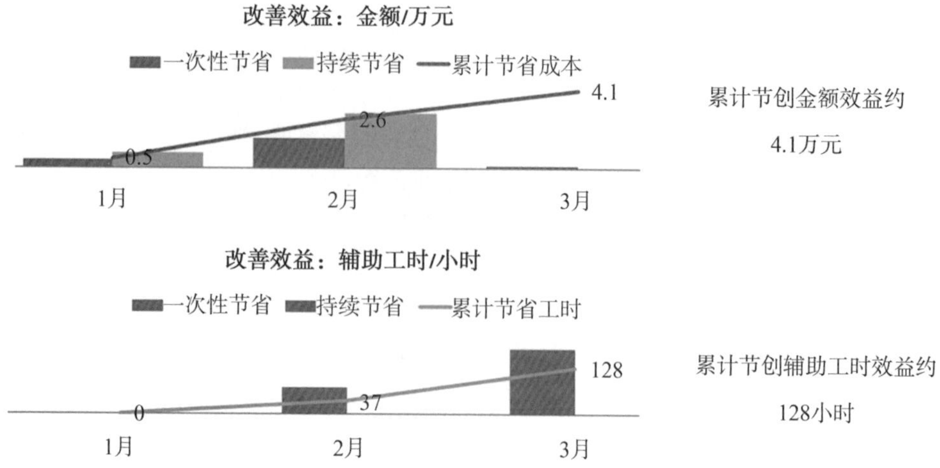

注：一次性效益是指改善后，仅当月产生一次性效益；
持续效益是指改善后，此后每个月都会产生效益。

图 11－4　该企业 2022 年 1 月至 3 月的精益改善提案的效益

率，并且存在安全隐患。在该工位安装一面反光镜就能很好地解决这一问题。该装配公司的改善活动示意图见图 11－5。

图 11－5　某装配工位的改善活动

案例 3：钻孔工装改善案例

某钻孔工位，员工需要在密封圈钻 8 个孔。原来每次只能单件加工，分两次用压板固定工件，即钻完一个面后松开压板，旋转 180 度，再用压板固定工件，然后再钻另一面的其他孔。为提高工装效率，员工制作工装钻模，在钻模上钻与密封圈尺寸相同的孔后，压住密封圈，以工装钻模孔为定位，减少了划线、固定等工序，保证了加工尺寸。经测算，采用该工装钻模，一次可压 4 件，一次钻完 8 孔，可将工作效率提高 5 倍。关于钻孔工作的改善活动示意图见图 11－6。

改善前	改善后

图 11－6 钻孔工作改善活动

五、升级训练

生产情境：在生产活动中，员工需要根据标准化操作单的要求进行操作，但这并不意味着没有浪费。在现有标准化的基础上，我们也要不断发现浪费、消除浪费，从而不断改善与提升，形成新的标准。请大家扫描下方的二维码，观看视频。假设你是视频中的岗位员工，你会发现哪些问题？有什么好的改善方法？根据任务要求完成一份改善提案。

视频资料

精益改善提案任务情境

请扫描二维码，认真观看视频，根据视频中的情境与任务要求，完成精益改善提案任务。

（一）任务名称

本任务的名称：某岗位的精益改善。

（二）任务要求

（1）个人独立完成。

（2）认真分析视频中的岗位工作内容，并记录存在的问题。

（3）根据所分析的问题，思考如何进行改善。其改善方法必须符合低成本、易实施的要求。

（4）由于不在工作现场，对于改善效果的描述，可用定性方式的描述。

（三）任务流程

（1）根据视频中你提出的改善点，填写“改善课题”，需能概括性地描述。

（2）在精益改善提案表中的“提案者”一栏填写自己的姓名、学号。

（3）根据所改善的方向，填写表中的“改善类型”一栏，如：动作浪费改善、布局改善、工装设备改善等。注意一个改善提案只涉及一个改善点。

（4）在“现状描述”中填写存在的问题（只能针对一个问题点），需能够清楚地说明问题现状。

(5) 在"改善方法"中填写应用到的改善工具、方式,必须符合低成本、易实施的要求。

(6) 在"所需资源情况"中填写所需的物资、资金等相关资源情况。

(7) 可适当模拟与验证改善方法,预测可能带来的改善效果,填写至"改善效果"。

(四) 任务成果

任务成果为某岗位精益改善提案表(见表 11-4)。

表 11-4 某岗位精益改善提案表

<table>
<tr><td colspan="2">改善课题:</td></tr>
<tr><td colspan="2">提案者:</td></tr>
<tr><td colspan="2">改善类型:</td></tr>
<tr><td>现状描述</td><td>改善方法</td></tr>
<tr><td></td><td></td></tr>
<tr><td colspan="2">所需资源情况</td></tr>
<tr><td colspan="2"></td></tr>
<tr><td colspan="2">改善效果</td></tr>
<tr><td colspan="2"></td></tr>
</table>

六、任务评价

<table>
<tr><th rowspan="3">评价项目</th><th rowspan="3">评价标准</th><th rowspan="3">评价依据</th><th rowspan="3">总分（分）</th><th colspan="3">评价方式</th><th rowspan="3">评分（分）</th></tr>
<tr><th>自评</th><th>小组评价</th><th>教师评价</th></tr>
<tr><th>20%</th><th>30%</th><th>50%</th></tr>
<tr><td>职业素养</td><td>1. 遵守课堂纪律
2. 积极参与并完成任务
3. 认真细致，善于发现问题与解决问题</td><td>1. 考勤
2. 学习态度
3. 课堂任务完成情况</td><td>30</td><td></td><td></td><td></td><td></td></tr>
<tr><td rowspan="2">专业能力</td><td>1. 对改善前的现状与问题点的描述清晰
2. 采用的改善方法、改善建议合理，符合低成本、易实施的要求
3. 能合理评估实施完成时间，列出成本预算或所需的资源
4. 定性与定量相结合地描述改善效益</td><td>生活中的改善提案表</td><td>40</td><td></td><td></td><td></td><td></td></tr>
<tr><td>1. 对改善前的现状与问题点的描述清晰
2. 采用的改善方法、改善建议合理，符合低成本、易实施的要求
3. 能合理评估所需的资源
4. 描述的改善效益与改善方法、岗位工作内容相符</td><td>某岗位的改善提案表</td><td>30</td><td></td><td></td><td></td><td></td></tr>
<tr><td colspan="3">总　计</td><td>100</td><td colspan="3"></td><td></td></tr>
</table>

七、自测习题

1. 不定项选择题

(1) 从精益改善提案的定义来看，其立足点是(　　)。

A. 立足企业的愿景　　B. 立足部门的目标

C. 立足自己的工作岗位　　D. 立足企业的总体规划

(2) 以下符合精益改善提案要求的是(　　)。

A. 低成本　　B. 高科技

C. 高成本　　D. 易实施

(3) 精益改善提案包括(　　)。

A. 改善工具　　B. 提出公司及部门的决策

C. 改善操作方式　　　　　　　　　　D. 重复建议

(4) 员工参与精益改善提案活动的意义包括(　　)。

A. 培养员工的问题意识和改善意识,改善员工的精神面貌,创建积极进取、文明健康的企业文化

B. 提高员工发现问题和解决问题的能力,提高员工的技能水平

C. 改善员工的工作环境,提高员工的满意度;改善设备的运行条件,提高设备运行效率

D. 培养员工从细微处着眼消除各种浪费、损耗,降低成本,提高效率的意识

(5) 精益改善提案的目的包括(　　)。

A. 培养员工的改善意识

B. 形成全员参与的改善文化

C. 持续消除现场的浪费

D. 实现企业的竞争力持续提升

2. 判断题

(1) 每一份提案可包含多个改善主题。(　　)

(2) 提出的改善方法,需符合低成本、易实施的要求。(　　)

(3) 对于改善效果,应尽量使用宽泛的语言描述。(　　)

(4) 改善提案与企业的技术革新项目一样,都需要多部门的协作参与。(　　)

(5) 改善提案需由员工自己实施或参与实施。(　　)

参考文献

[1] 詹姆斯. P. 沃麦克，丹皮尔. T. 琼斯，丹皮尔. 鲁斯. 改变世界的机器[M]. 余锋等译. 北京：商务印书馆，1999.

[2] 詹姆斯. P. 沃麦克，丹尼尔. T. 琼斯. 精益思想[M]. 沈希谨等译. 北京：商务印书馆，2009.

[3] 刘树华. 精益生产[M]. 北京：机械工业出版社，2011.

[4] 徐明强. 中国式精益实践[M]. 北京：机械工业出版社，2012.

[5] 赵克强. 精益实践在中国[M]. 北京：机械工业出版社，2012.

[6] 高福成. TPM 全面生产维护推进实务[M]. 北京：机械工业出版社，2012.

[7] 刘树华. 精益生产[M]. 北京：机械工业出版社，2011.

[8] 玛丽. 帕彭迪克，汤姆. 帕彭迪克. 精益念力[M]. 徐毅等译. 北京：电子工业出版社，2016.

[9] 朱建军，石建伟，何沙玮. 精益生产与管理[M]. 北京：科学出版社，2018.

[10] 江支柱，董宝力. 汽车精益智能物流系统实务[M]. 北京：机械工业出版社，2018.

[11] 乔毅，周桂瑾. 精益生产实务(第 2 版)[M]. 北京：机械工业出版社，2022.

[12] 易树平，郭伏. 基础工业工程[M]. 北京：机械工业出版社，2022.

[13] 聂文昌. 智能制造引入，精益生产升级[J]. 中国质量，2020(01)：111 - 115.

[14] 孙文明. 新工科背景下高职院校汽修专业课程思政教育研究：以“精益生产”课程为例[J]. 时代汽车，2021(12)：86 - 88.

[15] 余庆泽. 智能制造企业精益管理与精益文化体系探析[J]. 合作经济与科技，2021(14)：113 - 115.

[16] 韦晓丽. 基于 CMM 的精益生产成熟度模型研究[J]. 现代商业，2022(09)：137 - 140.

[17] 关景灵. “双碳”目标下广西工业转型升级问题探析[J]. 桂海论丛，2022，38(03)：60 - 65.